100 SUPER RECETTES

ÉTUDIANTS

MANGO
éditions

SOMMAIRE

EN MOINS DE 20 MINUTES

EN MOINS DE 30 MINUTES

EN MOINS DE 45 MINUTES

EN PLUS DE 45 MINUTES

CALENDRIER DES FRUITS ET LÉGUMES

JANVIER

Ail
Betterave
Carotte de garde
Céleri-rave
Chicorée
Chou blanc
Chou de Bruxelles
Chou rouge
Courge
Cresson
Crosne
Endive
Épinard
Frisée
Mâche
Navet
Oignon de garde
Panais
Poireau
Pomme de terre
Roquette
Salsifis
Topinambour
Citron
Clémentine
Kiwi
Mandarine
Orange
Pamplemousse
Poire
Pomme

FÉVRIER

Ail
Betterave
Carotte de garde
Céleri-rave
Chicorée
Chou blanc
Chou de Bruxelles
Chou rouge
Courge
Cresson
Crosne
Endive
Épinard
Frisée
Mâche
Navet
Oignon de garde
Panais
Poireau
Pomme de terre
Roquette
Salsifis
Topinambour
Citron
Clémentine
Kiwi
Mandarine
Orange
Pamplemousse
Poire
Pomme

MARS

Ail
Asperge blanche
Asperge verte
Betterave
Blette
Carotte de garde
Céleri-branche
Céleri-rave
Chou blanc
Chou de Bruxelles
Chou frisé
Chou rouge
Cresson
Endive
Épinard
Frisée
Navet
Oignon de garde
Panais
Poireau
Pomme de terre

Radis
Roquette
Salsifis
Topinambour
Citron
Kiwi
Mandarine
Poire
Pomme

AVRIL

Ail
Artichaut
Asperge
Betterave
Blette
Carotte primeur
Chou-fleur
Cive
Concombre
Endive
Épinards
Frisée
Laitue
Navet
Oignon primeur
Petit pois
Poireau
Pomme de terre
Radis
Roquette
Citron
Pamplemousse
Pomme

MAI

Ail
Artichaut
Asperge blanche
Asperge verte
Betterave rouge
Blette
Carotte primeur
Céleri
Chou-fleur
Cive
Concombre
Épinard
Laitue
Navet
Oignon primeur
Petit pois
Poireau primeur
Pomme de terre
Radis
Roquette
Cerise
Fraise
Pamplemousse
Rhubarbe

JUIN

Ail
Artichaut
Asperge blanche
Asperge verte
Aubergine
Betterave rouge
Blette
Brocoli
Carotte primeur
Céleri
Cive
Concombre
Courgette
Épinard
Fenouil
Haricot mange-tout
Haricot vert
Laitue
Navet
Oignon primeur
Petit pois
Poireau primeur
Poivron
Pomme de terre
Radis
Tomate
Abricot
Cassis
Cerise
Citron
Fraise
Framboise
Groseille

Melon
Pamplemousse
Pastèque
Pêche
Pomme
Prune
Rhubarbe

JUILLET

Ail
Artichaut
Asperge
Aubergine
Betterave
Brocoli
Carotte
Céleri
Cive
Concombre
Courgette
Épinard
Fenouil
Haricot
Laitue
Maïs
Oignon primeur
Petit pois
Poireau primeur
Poivron
Pomme de terre
Radis
Tomate
Abricot
Cassis
Cerise
Figue
Fraise
Framboise
Groseille
Melon
Myrtille
Nectarine
Pastèque
Pêche
Poire
Prune
Rhubarbe

AOÛT

Ail
Artichaut
Aubergine
Betterave
Blette
Brocoli
Carotte de saison
Céleri
Cive
Concombre
Courgette
Épinard
Fenouil
Haricot
Laitue
Maïs
Oignon primeur
Poireau primeur
Poivron
Pomme de terre
Radis
Tomate
Abricot
Cassis
Figue
Fraise
Framboise
Groseille
Melon
Mirabelle
Mûre
Myrtille
Nectarine
Noisette
Pastèque
Pêche
Poire
Pomme
Prune
Raisin

SEPTEMBRE

Ail
Artichaut
Aubergine
Betterave
Blette
Brocoli
Carotte de saison
Céleri
Cive
Chou blanc
Chou de Bruxelles
Chou-fleur
Concombre
Courgette
Cresson
Épinard
Fenouil
Haricot
Laitue
Maïs
Oignon de garde
Panais
Poireau
Poivron
Potiron
Pomme de terre
Radis
Tomate

Coing
Figue
Melon
Mirabelle
Mûre
Myrtille
Noisette
Noix
Pastèque
Pêche
Poire
Pomme
Prune
Raisin

OCTOBRE

Ail
Betterave
Brocoli
Carotte de garde
Céleri
Chicorée
Chou blanc
Chou de Bruxelles
Chou-fleur
Concombre
Courge
Cresson
Endive
Épinard
Fenouil
Frisée
Laitue
Mâche
Maïs
Navet
Oignon
Poireau
Pomme de terre
Potiron
Roquette
Châtaigne
Citron
Coing
Figue
Framboise
Myrtille
Noisette
Noix
Poire
Pomme
Raisin

NOVEMBRE

Ail
Betterave
Carotte de garde
Céleri
Chicorée
Chou blanc
Chou de Bruxelles
Chou-fleur
Citrouille
Courge
Cresson
Crosne
Endive
Épinard
Fenouil
Frisée
Laitue
Mâche
Navet
Oignon de garde
Panais
Poireau
Pomme de terre
Potiron
Radis
Roquette
Salsifis
Topinambour
Châtaigne
Citron
Clémentine
Coing
Kiwi
Mandarine
Orange
Poire
Pomme

DÉCEMBRE

Ail
Betterave
Carotte de garde
Céleri
Chicorée
Chou de Bruxelles
Courge
Cresson
Endive
Épinard
Mâche
Navet
Oignon de garde
Poireau
Pomme de terre
Potiron
Roquette
Salsifis
Topinambour
Châtaigne
Citron
Clémentine
Kiwi
Mandarine
Orange
Poire
Pomme

CONSEILS ZÉRO DÉCHET

LE ZÉRO DÉCHET

• Si possible, privilégiez l'achat de produits en vrac en magasin spécialisé ou en grande surface. Cela permet d'éviter le surplus d'emballage et d'acheter la quantité nécessaire afin de ne pas gaspiller.

• Lors des courses, pensez à rapporter vos propres contenants, boîtes et sacs à vrac afin d'éviter au plus les emballages en plastique. Si vous ne pouvez pas acheter en vrac, privilégiez les emballages en carton ou bien ceux en verre, recyclables à l'infini ! Attention, certains emballages en carton cachent parfois du plastique, pensez à vérifier.

• Pour lutter contre le gaspillage alimentaire, vous pouvez établir votre planning des repas de la semaine avant de faire votre liste des courses. Cela évitera d'acheter des produits qui ne pourront pas être consommés à temps.

• Les produits avec la mention « date limite d'utilisation optimale » (DLUO) ou bien « à consommer de préférence avant le ... » peuvent être mangés bien après la date indiquée sans risque pour le consommateur. Il faut les différencier des produits avec une « date limite de consommation » (DLC) qui, elle, doit être respectée. Cependant, certains produits à DLC, tels que les yaourts par exemple, peuvent aussi être consommés quelques jours après leur date de péremption.

• Vous pouvez utiliser les fanes et les épluchures dans de nouvelles recettes anti-gaspi (chips, bouillon, bisque, sauce, etc.) ou pour alimenter votre compost de cuisine. Les parts non comestibles de certains aliments peuvent aussi être utiles à la fabrication de produits ménagers ou encore de cosmétiques faits maison !

• Si vous emportez vos plats en vue d'un pique-nique ou d'un dîner à l'extérieur, pensez à remplacer la vaisselle jetable par une réutilisable (assiettes, serviettes en tissus et gobelets ecocup).

• Faire ses conserves et bocaux est un autre bon moyen de ne plus jeter. Il existe de nombreux tutoriels expliquant comment les réaliser soi-même. Ils permettent de conserver un surplus d'ingrédients pendant plus d'un an.

ET ÉCORESPONSABLES

LES INGRÉDIENTS

• Lors de vos courses, privilégiez au mieux les producteurs locaux ou français. Cela permet d'éviter la pollution liée au transport des marchandises et de soutenir l'agriculture française. Les circuits courts se développent de plus en plus et il est aujourd'hui possible d'acheter directement aux producteurs, à la ferme ou via des AMAP (http://www.reseau-amap.org/).

• Si vous le pouvez, préférez les produits bio. Sinon, privilégiez au mieux le bio sur les fruits et légumes dont vous consommez la peau tels que les tomates, les fraises ou encore les pommes.

• Il existe différents labels biologiques : Label Agriculture Biologique, Label Biologique Européen, Demeter ou encore Bio Cohérence. Chaque label possède ses spécificités et ses avantages. Vous pouvez vous renseigner sur internet afin d'apprendre à les reconnaître.

• Limitez au possible votre consommation d'ingrédients exotiques. Si vous achetez un aliment ou une épice qui vient de loin, réfléchissez à comment vous pourriez l'intégrer dans vos recettes au quotidien afin de ne pas gaspiller un produit précieux en l'oubliant au fond du placard.

• Consommez des fruits et légumes de saison. Il existe également une saisonnalité pour la viande et le poisson. N'hésitez pas à vous renseigner sur internet ou auprès de votre boucher et de votre poissonnier. Pour le poisson, il est aussi préférable d'éviter les espèces les plus menacées par la pêche intensive.

• Pour les œufs, il existe différentes catégories : vous pouvez repérer les codes allant de 0 à 3 sur les boîtes d'œufs. Le code 0 indique que les œufs sont issus d'un élevage de poule en plein air en mode biologique. Il s'agit du mode d'élevage à privilégier au mieux car c'est le plus respectueux pour les animaux et le seul pour lequel l'alimentation des poules est contrôlée. Au contraire, le code 3 est à éviter au maximum puisqu'il indique un élevage intensif et en batteries dans de très mauvaises conditions.

LE MATÉRIEL DE BASE

• Pour vos ustensiles de cuisine, il est préférable de choisir des revêtements en fonte naturelle, plus résistants et non toxiques. Il est également conseillé de privilégier les ustensiles en acier inoxydable et durable. Dans ce cas, n'oubliez pas de culotter vos poêles pour qu'elles n'attachent pas. De plus, évitez au maximum les matières qui peuvent s'avérer toxiques pour l'organisme telles que l'aluminium, le téflon ou encore le cuivre. Privilégiez la qualité de votre matériel de cuisine à la quantité.

• Pour nettoyer votre matériel, misez sur les produits ménagers naturels faits maison ! En plus d'être simples à réaliser, ces produits d'entretien sont économiques et très souvent multi-usages.

• Vous pouvez aussi pratiquer l'upcycling en réutilisant les vêtements que vous ne portez plus pour réaliser de nouvelles créations en tissus, qui vous seront utiles pour l'entretien de vos ustensiles de cuisine. Vous pourrez ainsi faire vos propres essuie-tout ou encore des éponges tawashi. En plus d'être totalement personnalisables en fonction de vos goûts et des tissus que vous avez sous la main, ce sont des produits lavables et réutilisables.

L'ÉNERGIE

• Pour faire des économies d'énergie, évitez de préchauffer votre four trop en avance. Lorsque vous utilisez votre four, vous pouvez en profiter pour faire cuire plusieurs recettes en simultanée ou encore pour faire décongeler ou réchauffer un autre plat.

• Vous pouvez économiser de l'eau en réutilisant l'eau de rinçage ou en faisant la vaisselle avec un bac pré-rempli. Vous pouvez également investir dans un aérateur d'eau pour faire des économies !

CUISINEZ SIMPLEMENT ET ÉCORESPONSABLE !

PROFITEZ DES PROMOTIONS SUR LES INVENDUS :

Que ce soit en grandes surfaces ou dans les magasins bio, il existe de plus en plus de possibilités d'acheter les invendus. Sous forme de « paniers anti-gaspi » ou sous l'appellation « légumes moches » ces produits sont souvent proposés à prix réduits et restent délicieux ! Pas le temps de faire les courses ? Il existe aussi différentes applications qui permettent de voir en temps réel les invendus proposés par les commerçants autour de chez vous. Une excellente solution pour éviter le gaspillage et faire des économies !

LE *BATCH COOKING*, UNE SOLUTION POUR GAGNER DU TEMPS :

Le *batch cooking* est une technique d'organisation qui vous permettra de gagner du temps au quotidien ! Cela consiste à prendre une ou deux heures de son temps le week-end pour cuisiner les préparations de base des repas de la semaine : par exemple, éplucher et couper tous vos légumes ! Cette technique vous permet de prévoir vos repas à l'avance, et donc de n'acheter que le nécessaire pour faire des économies et ainsi éviter le gaspillage. Cela représente aussi un gain de temps considérable pour les soirs de semaines où l'on n'a pas le temps ou l'envie de passer deux heures en cuisine !

EN MOINS DE 20 MINUTES

CROSTINI AU CAVIAR POIVRONS-AMANDES

Pour 4 personnes
Préparation : 15 min
Réfrigération : 30 min
Cuisson : 3 min

300 g de poivrons rouges en bocal
1 petit pain de campagne
100 g d'amandes entières émondées
80 g de parmesan
2 gousses d'ail
3 cuillerées à soupe d'huile d'olive
1 cuillerée à soupe de sucre semoule
Sel et poivre

1. Égouttez les poivrons et rincez-les dans une passoire.

2. Torréfiez les amandes à sec dans une poêle antiadhésive bien chaude 3 minutes à feu doux. Laissez-les refroidir.

3. Dans la cuve d'un robot, déposez les poivrons égouttés, les amandes grillées, l'huile d'olive et le sucre. Salez et poivrez. Mixez 3 minutes de façon à obtenir une préparation bien homogène. Déposez-la dans un grand bol et placez-le au réfrigérateur 30 minutes.

4. Préchauffez le gril du four. Coupez le pain en tranches. Pelez les gousses d'ail puis frottez-les sur la mie du pain. Toastez les tartines aillées 2 minutes sous le gril du four.

5. Au moment de servir, étalez le caviar poivrons-amandes sur les tartines grillées ; détaillez des petits copeaux de parmesan dessus et dégustez aussitôt.

BROUILLADE D'ŒUFS
AUX SARDINES

Pour 4 personnes
Préparation : 10 min
Cuisson : 10 min

1 grande boîte de sardines à l'huile (200 g)
8 œufs
1 grosse gousse d'ail
12 grandes feuilles de basilic frais ou 1 cuillerée à soupe de basilic haché surgelé
½ baguette de pain
10 cl de crème liquide
40 g de beurre
Sel et poivre

1. Épluchez la gousse d'ail. Coupez la baguette en fines tranches puis frottez-les sur une face avec la gousse d'ail. Déposez-les sur une plaque de cuisson et faites-les dorer sous le gril du four.

2. Égouttez les sardines, ôtez les arêtes puis émiettez-les. Ciselez les feuilles de basilic.

3. Cassez les œufs dans une grande casserole. Battez-les légèrement avec un fouet puis ajoutez le beurre coupé en dés, la moitié du basilic, du sel et du poivre.

4. Placez la casserole dans un bain-marie bouillant et faites cuire les œufs 8 à 10 minutes en fouettant jusqu'à ce qu'ils soient brouillés. Hors du feu, ajoutez la crème liquide et les sardines émiettées. Mélangez le tout délicatement.

5. Répartissez les œufs brouillés sur les tartines de pain grillé. Parsemez le dessus avec le reste de basilic et dégustez.

ROULÉS AU CRABE
ET AU GUACAMOLE

Pour 6 personnes • Préparation : 20 min

120 g de chair de crabe en conserve • ½ citron vert • Quelques brins de coriandre fraîche • 1 avocat • Quelques gouttes de Tabasco® • 12 tranches de pain de mie (sans croûte) • Sel

1. Pressez le citron vert. Lavez et effeuillez la coriandre, puis taillez les feuilles en fines lanières. Coupez l'avocat en deux, ouvrez-le et récupérez la chair dans un bol.

2. Écrasez la chair de l'avocat à la fourchette avec le jus de citron vert, le Tabasco® et les feuilles de coriandre. Mélangez bien et salez à votre goût.

3. Si nécessaire, ôtez la croûte des tranches de pain de mie. Aplatissez-les bien à l'aide d'un rouleau à pâtisserie. Égouttez la chair de crabe.

4. Tartinez les tranches de pain de mie de guacamole. Répartissez la chair de crabe par-dessus, puis roulez les tranches de pain sur elles-mêmes de sorte qu'elles soient bien serrées.

ASTUCE

Pour une version express, vous pouvez utiliser du guacamole prêt à l'emploi du commerce.

QUESADILLAS
À LA MOZZARELLA

Pour 4 personnes • Préparation : 5 min • Cuisson : 6 min par quesadilla

4 grandes tortillas de blé ou de maïs • 500 g de mozzarella de bufflonne bien égouttée • Quelques brins de coriandre • Sel • Accompagnement : 1 bol de salsa verde • Quelques quartiers de citron vert

1. Tranchez la mozzarella en fines lamelles. Lavez et effeuillez la coriandre.

2. Garnissez généreusement 1 tortilla de lamelles de mozzarella. Salez légèrement puis parsemez de feuilles de coriandre. Déposez une seconde tortilla par-dessus.

3. Procédez de la même manière avec le reste des ingrédients.

4. Dans 2 poêles antiadhésives, faites cuire les tortillas 3 minutes environ de chaque côté jusqu'à ce que le fromage devienne coulant : n'attendez pas que la pâte soit croustillante, les tortillas doivent rester souples.

5. Découpez les quesadillas en 6. Dégustez avec de la salsa verde et un trait de jus de citron vert.

PAN BAGNAT

Pour 6 personnes
Préparation : 15 min

6 pains ronds de 15 cm de diamètre
200 g de thon au naturel
12 anchois au sel
6 œufs durs
12 tomates
12 radis
6 cébettes
6 petits artichauts violets
20 olives noires dénoyautées
1 gousse d'ail
12 feuilles de basilic
10 cl d'huile d'olive
6 cl de vinaigre
Le jus de 1 citron
Sel et poivre

1. Rincez les anchois sous l'eau fraîche et laissez-les tremper 10 minutes dans un bol d'eau pour les assouplir. Éliminez l'arête centrale et réservez les filets.

2. Éliminez les deux premières rangées des feuilles extérieures dures des artichauts. Coupez la queue. Supprimez le tiers supérieur des artichauts et coupez-les en deux dans la hauteur. Avec une petite cuillère, retirez le foin et tranchez en lamelles. Arrosez abondamment de jus de citron pour éviter l'oxydation. Réservez.

3. Coupez les pains en deux dans l'épaisseur. Frottez l'intérieur des pains avec la gousse d'ail coupée en deux. Imbibez les deux faces intérieures des pains avec les tomates les plus mûres coupées en deux, le mélange de vinaigre, d'huile, de sel et de poivre.

4. Sur les bases des pains, déposez les tranches de tomates, les radis, les cébettes, les œufs et les tranches d'artichauts. Parsemez le thon grossièrement émietté, les filets d'anchois, les olives et le basilic. Salez et poivrez.

WRAPS CAESAR
ET ANCHOIS

Pour 4 personnes
(12 pièces)
Préparation : 15 min
Cuisson : 5 min

4 galettes de blé
ou tortillas
4 escalopes de poulet
(ou le reste d'un poulet
rôti)
½ salade romaine
4 filets d'anchois
à l'huile
120 g de parmesan
1 jaune d'œuf dur
1 gousse d'ail écrasée
1 cuillerée à soupe
de mélange d'épices
pour poulet rôti
10 cl de crème fleurette
(fluide ou semi-épaisse)
2 cuillerées à soupe
d'huile d'olive
Sel et poivre

1. Coupez le poulet en lanières. Faites-les revenir 5 minutes à la poêle dans l'huile d'olive avec les épices, sel et poivre.

2. Lavez et effeuillez la salade en gardant les plus petites feuilles.

3. Préparez la sauce : dans un bol, écrasez les anchois à la fourchette et mélangez-les avec la crème fleurette. Ajoutez le parmesan, la gousse d'ail et le jaune d'œuf écrasé. Mélangez et rectifiez l'assaisonnement si besoin.

4. Tartinez chaque galette de sauce Caesar. Au centre, disposez quelques feuilles de salade et des lanières de poulet.

5. Roulez les galettes en serrant bien, puis coupez-les chacune en 3 tronçons. Piquez chaque mini-rouleau avec un bâtonnet en bois pour le maintenir.

MINI-SANDWICHS SUÉDOIS
AU SAUMON MARINÉ

Pour 20 pièces • Préparation : 15 min

10 tranches de pain suédois • 300 g d'émincé de saumon mariné à l'aneth ou au poivre (en grandes surfaces) • 100 g de fromage frais salé (type St Môret®) • 200 g de cornichons aigres-doux • 1 c. à soupe de sucre semoule • 2 c. à soupe de Savora® • 1 c. à soupe de vinaigre du bocal des cornichons

1. Coupez les cornichons en tout petits dés.

2. Dans un bol, mélangez la moutarde avec le vinaigre des cornichons et le sucre afin d'obtenir une sauce onctueuse. Incorporez les cornichons concassés.

3. Tartinez chaque tranche de pain suédois de fromage frais. Sur la moitié des tranches déposez 1 cuillerée à soupe de sauce aux cornichons puis 1 ou 2 lamelles d'émincé de saumon. Recouvrez avec 1 tranche de pain au fromage frais pour fermer le sandwich.

4. Coupez les sandwichs en triangles ou en carrés. Servez aussitôt.

ASTUCE
Vous pouvez préparer vos sandwichs à l'avance à condition de les placer au réfrigérateur sur un plat recouvert de film alimentaire.

SANDWICH VÉGÉTARIEN
À L'AVOCAT ET AUX TOMATES CONFITES

Pour 4 sandwichs • Préparation : 10 min

8 tranches de pain aux céréales • 100 g de fromage de chèvre frais • 1 avocat • 2 tomates • 8 tomates confites • 1 grosse poignée de roquette • 1 c. à soupe d'huile d'olive • Sel et poivre

1. Prélevez la chair de l'avocat. Lavez les tomates et coupez-les en rondelles.

2. Mixez le fromage avec l'avocat, l'huile d'olive et le poivre. Salez avec un peu de fleur de sel si nécessaire (le fromage de chèvre peut être très salé).

3. Tartinez 4 tranches de pain avec ce mélange au fromage. Déposez sur chacune 2 tomates confites, des rondelles de tomate et quelques feuilles de roquette. Refermez les sandwichs avec les tranches de pain restantes.

4. Coupez chaque sandwich en deux dans la diagonale pour faciliter la dégustation.

ASTUCE

Variez les saveurs en remplaçant l'avocat par du pesto de basilic et le chèvre par de la mozzarella au lait de bufflonne.

CROQUES ANDOUILLE
À LA MOUTARDE

Pour 4 personnes • Préparation : 10 min • Cuisson : 10 min

8 tranches de pain de mie sans croûte • 16 fines rondelles d'andouille • 150 g de gruyère râpé • 1 cuillerée à soupe de moutarde • 20 cl de crème fraîche épaisse • Sel et poivre

1. Préchauffez le gril du four.

2. Retirez la peau des rondelles d'andouille.

3. Dans un saladier, mélangez la crème fraîche avec le gruyère râpé, la moutarde, du sel et du poivre. Étalez la moitié de cette préparation sur 4 tranches de pain de mie.

4. Déposez sur chacune 4 rondelles d'andouille puis recouvrez avec les autres tranches. Appuyez légèrement dessus et nappez-les avec le reste de crème au gruyère.

5. Placez les croques sur une plaque de cuisson recouverte de papier sulfurisé et faites-les gratiner 8 à 10 minutes sous le gril à mi-hauteur.

6. Coupez délicatement les croques en quatre et dégustez.

BEIGNETS DE POISSON
DOUBLE PANURE

Pour 4 personnes • Préparation : 10 min • Cuisson : 10 min

1 kg de dos de cabillaud • 2 œufs • 300 g de chapelure fine •
Huile de pépins de raisin pour la friture

1. Faites chauffer l'huile de friture à 180 °C.

2. Essuyez le poisson et détaillez-le en 4 morceaux.

3. Dans un bol, battez les œufs à la fourchette. Versez la chapelure dans une assiette creuse.

4. Trempez un à un les morceaux de poisson dans l'œuf battu puis roulez-les dans la chapelure ; recommencez l'opération une seconde fois pour la double panure.

5. Plongez les morceaux de poisson panés dans l'huile bouillante et laissez-les cuire 10 minutes environ jusqu'à ce qu'ils sont bien dorés. Égouttez-les sur du papier absorbant.

6. Dégustez vos beignets de poisson avec une sauce aïoli et des frites maison.

CROQUE-MADAME
AU CHEDDAR

Pour 4 personnes
Préparation : 10 min
Cuisson : 10 min

16 tranches de pain de mie sans croûte
8 œufs
4 tranches de jambon blanc
200 g de cheddar
4 grosses cuillerées à soupe de crème fraîche épaisse
30 g de beurre
10 cl d'huile de tournesol
Sel et poivre

1. Râpez le cheddar puis mélangez-le dans un grand bol avec la crème fraîche, du sel et du poivre.

2. Badigeonnez une face de chaque tranche de pain avec la crème au cheddar.

3. Coupez les tranches de jambon en carrés de la taille des tranches de pain.

4. Déposez 1 carré de jambon sur 8 tranches puis recouvrez avec les 8 autres tranches en pressant légèrement dessus.

5. Faites cuire les croques dans une poêle avec les deux tiers d'huile 4 à 5 minutes de chaque côté sur feu moyen.

6. Simultanément, dans une autre poêle, faites cuire les œufs au plat 4 à 5 minutes avec le reste d'huile et le beurre. Salez, poivrez puis déposez 1 œuf sur chaque croque. Servez les croque-madame aussitôt avec des crudités.

FISH AND CHIPS
CROUSTILLANT

Pour 4 personnes
Préparation : 15 min
Cuisson : 3 min par fournée

120 g de corn flakes
600 g de filets de merlan ou autre poisson blanc
3 œufs
3 grosses cuillerées à soupe de farine
20 cl de bière
1 litre d'huile pour la friture
Sel et poivre

1. Coupez les filets de poisson en morceaux et assaisonnez-les de sel et de poivre de chaque côté. Placez-les au réfrigérateur.

2. Broyez les corn flakes à l'aide d'un robot pour les réduire en poudre grossière.

3. Séparez les blancs d'œufs des jaunes. Dans un saladier, battez les jaunes avec la farine, du sel et du poivre. Ajoutez la bière en fouettant.

4. Montez les blancs d'œufs en neige bien ferme puis incorporez-les délicatement à la préparation en soulevant la pâte. Ajoutez la poudre de corn flakes.

5. Faites chauffer l'huile de friture. À l'aide d'une fourchette, trempez les morceaux de poisson dans la pâte puis plongez-les aussitôt dans l'huile très chaude pendant 2 à 3 minutes (procédez par petites quantités). Égouttez-les.

6. Dégustez avec des frites et de la mayonnaise.

RAMEN MINUTE
AUX LÉGUMES FRAIS

Pour 1 personne • Préparation : 5 min • Cuisson : 10 min

1 paquet de ramen instantanés • ½ carotte • 5 cm de poireau • 2 champignons de Paris • 1 œuf • 1 c. à soupe de sauce soja • 1 oignon nouveau • 1 pincée de graines de sésame blanc torréfiées

1. Faites cuire l'œuf 6 minutes dans une casserole d'eau bouillante. Plongez-le dans un bol d'eau froide puis écalez-le. Faites-le mariner dans la sauce soja.

2. Épluchez la carotte et émincez-la finement. Coupez le poireau en julienne.

3. Lavez l'oignon et détaillez-le en fines rondelles. Pelez les champignons, ôtez le pied et coupez-les en lamelles.

4. Faites cuire les ramen dans une casserole d'eau bouillante selon le temps mentionné sur le paquet. Égouttez-les et déposez-les dans un bol. Ajoutez la carotte, le poireau, l'oignon, les champignons et l'œuf coupé en deux. Parsemez de sésame doré et dégustez.

ASTUCE

Réalisez ce ramen minute avec les légumes que vous avez dans le réfrigérateur : radis, concombre...

POLENTA CRÉMEUSE
AU PARMESAN

Pour 4 personnes • Préparation : 10 min • Cuisson : 5 min

200 g de polenta précuite • 1 l de lait demi-écrémé • 20 cl de crème liquide • 50 g de parmesan râpé • 20 g de beurre • Sel et poivre

1. Dans une casserole, portez le lait à ébullition avec du sel et du poivre.

2. Versez la polenta en une fois. Faites-la cuire en la remuant pendant 5 minutes, jusqu'à ce qu'elle se détache de la paroi de la casserole.

3. Retirez la casserole du feu. Ajoutez la crème liquide, le parmesan et le beurre. Mélangez et servez aussitôt.

ASTUCE

Vous pouvez ajouter des olives hachées et des lanières de basilic dans cette polenta.

CORDONS-BLEUS
TOMATES CONFITES-MOZZARELLA

Pour 4 personnes
Préparation : 10 min
Cuisson : 10 min

4 escalopes de poulet
4 tranches de jambon fumé
12 tomates séchées
1 boule de mozzarella
Quelques feuilles de basilic
4 cuillerées à soupe de farine
4 cuillerées à soupe de chapelure fine
1 œuf
20 g de beurre demi-sel
2 cuillerées à soupe d'huile d'olive
Sel et poivre

1. Ouvrez les escalopes de poulet en portefeuille.

2. Coupez la mozzarella en fines rondelles.

3. Déposez 3 tomates séchées, 1 tranche de jambon, des rondelles de mozzarella et quelques feuilles de basilic sur une moitié de l'escalope. Rabattez l'autre moitié non garnie de façon à fermer l'escalope comme un sandwich.

4. Battez l'œuf dans une assiette creuse. Déposez la farine et la chapelure dans deux autres assiettes.

5. Passez chaque escalope garnie dans la farine, dans l'œuf battu puis dans la chapelure.

6. Faites chauffer le beurre et l'huile dans une poêle puis faites cuire les cordons-bleus 4 à 5 minutes de chaque côté sur feu vif. Servez-les bien chauds accompagnés d'une salade verte à l'huile de sésame grillé.

ÉMINCÉ DE POULET
AU MIEL, SAUCE SOJA ET NOISETTES

Pour 4 personnes
Préparation : 5 min
Cuisson : 15 min

4 escalopes de poulet
2 cuillerées à café de miel liquide
4 cuillerées à soupe de sauce soja
1 cuillerée à soupe de noisettes concassées
1 oignon
1 gousse d'ail
Le jus de 1 citron vert
½ cuillerée à café de cannelle en poudre
25 g de beurre demi-sel
1 cuillerée à soupe d'huile neutre
Sel et poivre

1. Pelez l'oignon, coupez-le en quatre puis en lamelles de 1 cm de large environ en les séparant bien. Pelez, dégermez et hachez l'ail. Coupez les escalopes en fines lanières.

2. Dans un wok ou une sauteuse, faites revenir les lanières de poulet avec le beurre 3 à 4 minutes sur feu vif (elles doivent à peine colorer). Ajoutez l'huile et déposez les lamelles d'oignon. Salez, poivrez et mélangez sur feu moyen 2 à 3 minutes. Ajoutez l'ail et la cannelle. Arrosez avec 2 cuillerées à soupe de sauce soja et mélangez. Versez 1 verre d'eau et 1 cuillerée à café de miel. Faites réduire à gros bouillons jusqu'à ce qu'il ne reste presque plus de liquide.

3. Ajoutez dans le wok le reste de sauce soja et de miel, le jus de citron vert et les noisettes. Mélangez et retirez le wok du feu. Rectifiez l'assaisonnement en sel et poivre si nécessaire. Servez avec du riz à la citronnelle et des brocolis.

ROSES
DES SABLES

Pour 8 personnes
Préparation : 15 min
Cuisson : 5 min
Repos : 1 h

190 g de cornflakes
190 g de chocolat noir à pâtisser
150 g de beurre ou de Végétaline®
190 g de sucre glace

1. Dans un récipient, concassez le chocolat. Ajoutez le beurre et faites fondre le tout au bain-marie, sans remuer.

2. Hors du feu, ajoutez le sucre glace. Mélangez énergiquement afin d'obtenir une texture onctueuse.

3. Déposez les céréales dans un saladier. Versez le chocolat fondu dessus et mélangez délicatement jusqu'à ce que les pétales soient entièrement recouverts.

4. Étalez les pétales au chocolat sur une feuille de papier sulfurisé ou réalisez des petits rochers dans des caissettes en papier. Laissez reposer 1 heure au frais avant de déguster.

ASTUCE

Variez les plaisirs en utilisant du chocolat blanc ou du chocolat au lait. Vous pouvez même ajouter des framboises fraîches aux cornflakes !

EN MOINS DE 30 MINUTES

CROQUANTS AUX CRACKERS
ET MYRTILLES

Pour 4 personnes
Préparation : 15 min
Congélation : 15 min
Cuisson : 6 min

250 g de crackers
100 g de fromage frais type Carré Frais®
120 g de myrtilles fraîches ou surgelées
2 cuillerées à soupe de vinaigre de vin
40 g de beurre
1 grosse cuillerée à soupe de sucre semoule
Sel et poivre

1. Écrasez les crackers pour les réduire en poudre.

2. Dans un grand bol, mélangez le fromage frais avec 200 g de crackers émiettés, du sel et du poivre.

3. Dans un petit plat rectangulaire chemisé de papier sulfurisé, étalez la préparation fromage-crackers sur 1,5 cm d'épaisseur. Lissez le dessus avec une cuillère. Placez le plat 15 minutes au congélateur.

4. Dans une casserole, faites cuire le sucre avec 2 cuillerées à soupe d'eau pendant 3 minutes sur feu moyen afin d'obtenir un sirop épais. Ajoutez les myrtilles et le vinaigre puis laissez cuire 3 à 4 minutes sur feu vif.

5. Sortez la préparation fromage-crackers puis coupez-la en 4 rectangles. Passez chaque rectangle dans le reste de crackers émiettés en appuyant dessus pour bien faire adhérer la panure.

6. Dans une poêle, faites dorer les barres de crackers avec le beurre 3 minutes de chaque côté sur feu moyen. Dégustez avec les myrtilles !

MINI-ROULEAUX
DE PRINTEMPS

Pour 12 pièces
Préparation : 20 min
Cuisson : 2 à 3 min

4 galettes de riz vietnamiennes
6 grosses crevettes roses cuites décortiquées
2 carottes
½ betterave crue
1 poignée de germes de soja
1 sachet de vermicelles de riz
12 feuilles de menthe fraîche
Sauce sweet chili pour l'accompagnement

1. Pelez et râpez les carottes et la betterave. Coupez les crevettes en deux. Effeuillez la menthe.

2. Plongez les vermicelles de riz dans une casserole d'eau bouillante pendant 2 à 3 minutes. Passez-les sous l'eau froide et égouttez-les.

3. Sur le plan de travail, placez une assiette creuse remplie d'eau froide et, à côté, un linge humide. Déposez 1 galette de riz dans l'assiette et laissez-la ramollir 1 à 2 minutes afin qu'elle devienne visqueuse. Étalez-la sur le linge.

4. Au centre de la galette, placez un peu de carotte et de betterave, 3 feuilles de menthe et 3 demi-crevettes, des vermicelles et des germes de soja.

5. Refermez la galette en ramenant les bords haut et bas vers le centre. Repliez ensuite le bord droit. Roulez vers la gauche pour obtenir un rouleau. Réalisez ainsi les autres rouleaux.

6. Coupez ces rouleaux en 3 tronçons. Présentez-les sur un plat accompagnés de sauce sweet chili.

COOKIES AU ROQUEFORT ET AUX NOIX

Pour 20 pièces
Préparation : 10 min
Cuisson : 15 min

80 g de cerneaux de noix
90 g de roquefort
170 g de farine
½ sachet de levure chimique
2 œufs
75 g de beurre
2 pincées de sel

1. Préchauffez le four à 180 °C (th. 6). Faites fondre le beurre au micro-ondes ou dans une casserole sur feu très doux. Laissez refroidir.

2. Hachez grossièrement les cerneaux de noix au couteau. Coupez le roquefort en petits morceaux.

3. Versez la farine, le sel et la levure dans un saladier. Formez une fontaine et cassez les œufs dedans. Mélangez doucement avec un fouet. Quand la pâte commence à épaissir, versez le beurre fondu refroidi et continuez de mélanger pour obtenir une préparation homogène. Incorporez les noix et le roquefort en remuant délicatement.

4. Sur une plaque de cuisson recouverte de papier sulfurisé, déposez des petits tas de pâte de la grosseur d'une noix puis étalez-les pour former des disques de 5 à 7 mm d'épaisseur.

5. Enfournez les cookies et faites cuire 15 minutes. Laissez-les tiédir avant de déguster.

per strada Contador, ha puntato tutto sul giovane talento
due mandati a
giuria per traino
(Frapporti e Chiarini). Oggi ultimo atto della stagione
sentazione del Gi
all'estero, dove
strutture con cui mu
ben definiti: Paolo S
Nibali all'Astana, Luca
riferimento di Fabian Cancellara e
della sua squadra. Marco Pinotti, che
ieri ha chiuso la sua carriera da
corridore, adesso farà il tecnico. Ma
con gli svizzeri-americani della Bmc, la
sua ultima squadra. Perché noi adesso
siamo la periferia: o si investe sui
tecnici o si rischia di perdere per strada
un'altra generazione.

FINANCIERS À LA MIMOLETTE
ET AUX NOISETTES

Pour 9 personnes • Préparation : 10 min • Cuisson : 15 min

50 g de farine • 80 g de poudre de noisettes • 1 pincée de sel • 3 blancs d'œufs • 100 g de beurre • 70 g de mimolette vieille (ou de parmesan ou de vieux gouda)

1. Préchauffez le four à 200 °C (th. 6-7). Dans un saladier, mélangez la farine avec la poudre de noisettes et le sel.

2. Creusez un puits au centre du saladier, versez-y les blancs d'œufs, puis incorporez-les au mélange de farine et de poudre de noisettes.

3. Faites fondre le beurre dans une casserole jusqu'à ce qu'il prenne une couleur noisette. Versez-le dans le saladier contenant la pâte et mélangez à nouveau. Incorporez enfin la mimolette préalablement râpée.

4. Versez la pâte dans des moules à financiers en silicone (comptez 9 moules classiques ou 18 à 24 mini-moules). Enfournez pour 12 à 15 minutes de cuisson, selon la taille des financiers. Ceux-ci doivent être dorés à l'issue de la cuisson.

MUFFINS AU JAMBON
ET À LA RICOTTA

Pour 12 pièces • Préparation : 15 min • Cuisson : 15 à 20 min

4 tranches de jambon cru • 1 barquette de dés de jambon cuit • 125 g de ricotta • 2 œufs • 180 g de farine • 3 c. à café de levure chimique • 10 cl de lait • 5 cl d'huile d'olive • 2 pincées de fleur de sel

1. Préchauffez le four à 180 °C (th. 6).

2. Dans un saladier, mélangez la farine, la levure et la fleur de sel.

3. Dans un bol, battez les œufs avec l'huile. Ajoutez le lait et la ricotta. Mélangez bien et versez dans le saladier de farine. Battez au fouet électrique.

4. Incorporez le jambon cru coupé en petites lanières et les dés de jambon cuit.

5. Répartissez la préparation dans des mini-moules à muffins.

6. Enfournez et faites cuire 15 à 20 minutes. Laissez refroidir avant de démouler.

PALMITOS AUX OLIVES
ET AUX ANCHOIS

Pour 20 à 25 palmitos
Préparation : 15 min
Congélation : 30 min
Cuisson : 12 à 15 min

80 g de petites olives noires dénoyautées
8 filets d'anchois à l'huile
300 g de pâte feuilletée (en pâton, si possible)
60 g de parmesan râpé
1 jaune d'œuf
2 cuillerées à soupe d'huile d'olive

1. Dans la cuve d'un robot, déposez les olives, les filets d'anchois et l'huile d'olive. Mixez 2 minutes pour obtenir une purée lisse. Mélangez-la dans un bol avec le parmesan.

2. Sur le plan de travail fariné, abaissez la pâte feuilletée en un rectangle de 30 × 20 cm environ. À l'aide d'une spatule, étalez la préparation aux anchois sur toute la surface de la pâte. Roulez les deux grands côtés du rectangle de pâte en les faisant se rejoindre au centre. Badigeonnez légèrement le rouleau obtenu de jaune d'œuf délayé avec un peu d'eau pour souder les bords. Placez-le 30 minutes au congélateur.

3. Préchauffez le four à 180 °C (th. 6). Coupez le rouleau en rondelles de 5 à 7 mm d'épaisseur. Déposez-les sur une plaque de cuisson recouverte de papier sulfurisé, aplatissez-les légèrement puis dorez-les au jaune d'œuf.

4. Enfournez les palmitos et faites cuire pendant 12 à 15 minutes. Laissez-les tiédir sur la plaque avant de déguster.

SALADE AU CRABE
ET À LA MANGUE

Pour 4 personnes
Préparation : 20 min
Cuisson : 5 min

250 g de crabe en boîte
120 g de mesclun (salade mélangée)
1 petite mangue fraîche ou 1 boîte de mangue au sirop
1 petit piment rouge
2 oignons rouges moyens
2 cuillerées à soupe de vinaigre balsamique
2 cuillerées à soupe de vinaigre de Xérès
6 cuillerées à soupe d'huile d'olive
Sel et poivre

1. Dans un bol, mélangez les deux vinaigres avec du sel et du poivre. Ajoutez la moitié de l'huile d'olive en fouettant.

2. Épluchez la mangue fraîche et coupez-la en tranches (ou égouttez la mangue au sirop). Coupez le piment en deux, épépinez-le et hachez-le. Pelez et émincez les oignons.

3. Égouttez la chair de crabe dans une passoire. Faites chauffer le reste d'huile dans une poêle antiadhésive puis saisissez la chair de crabe avec le piment, du sel et du poivre 3 minutes en remuant. Débarrassez-la sur une assiette.

4. Faites revenir les tranches de mangue 1 à 2 minutes dans la poêle puis remettez le crabe au piment. Mélangez le tout délicatement.

5. Dans un saladier, mélangez le mesclun et les oignons émincés. Assaisonnez de vinaigrette.

6. Répartissez le crabe et la mangue sur un lit de salade aux oignons.

CLUB SANDWICHS

Pour 4 personnes
(8 sandwichs)
Préparation : 20 min
Cuisson : 10 min

8 aiguillettes de poulet
8 tranches de pain de mie complet
8 tranches de bacon
2 tomates cœur de bœuf
2 avocats
1 long radis noir
8 feuilles de laitue
Quelques brins de ciboulette
Le jus de 1 citron
4 cuillerées à soupe de mayonnaise maison
1 noisette de beurre
1 cuillerée à soupe d'huile d'olive
Sel et poivre

1. Ciselez la ciboulette et mélangez-la avec la mayonnaise. Coupez les tomates en tranches. Coupez le radis noir en fines rondelles à l'aide d'une mandoline. Émincez les aiguillettes.

2. Épluchez et dénoyautez les avocats ; coupez-les en lamelles et arrosez-les de jus de citron.

3. Coupez chaque tranche de pain en 2 triangles. Faites-les dorer dans une poêle avec le beurre 1 minute de chaque côté. Réservez-les.

4. Coupez les tranches de bacon en deux. Dans la poêle, faites-les légèrement griller 1 minute de chaque côté. Réservez.

5. Faites chauffer l'huile d'olive dans la poêle puis faites dorer les aiguillettes 8 à 10 minutes.

6. Tartinez 1 triangle de pain avec la mayonnaise à la ciboulette. Déposez dessus des tranches de tomate, des lamelles d'avocat, 2 demi-tranches de bacon, 1 feuille de laitue, des rondelles de radis noir et des lamelles de poulet. Refermez avec un autre triangle de pain.

FAJITAS AU POULET
ET AUX LÉGUMES CROQUANTS

Pour 4 personnes
Préparation : 20 min
Cuisson : 8 min

12 aiguillettes de poulet
12 tortillas de blé nature
2 tomates
1 poivron jaune
1 carotte
Quelques feuilles de laitue
1 cuillerée à soupe d'huile de noisette
Sel et poivre

Guacamole :
2 avocats bien mûrs
1 tomate
½ oignon blanc
½ piment vert
Quelques feuilles de coriandre
Le jus de ½ citron vert
Tabasco®
Sel et poivre

1. Préparez le guacamole : épépinez et coupez la tomate en tout petits dés. Émincez finement l'oignon. Ciselez la coriandre. Égrenez le piment et coupez-le en très fines rondelles.

2. Pelez et dénoyautez les avocats. Écrasez la chair en purée dans un saladier avec une fourchette. Ajoutez les dés de tomate, l'oignon, la coriandre, le piment, le jus de citron vert, une pointe de Tabasco®, du sel et du poivre. Réservez au réfrigérateur.

3. Épépinez et coupez les tomates en petits dés. Épépinez le poivron et coupez-le en lamelles. Épluchez et émincez la carotte en fins bâtonnets. Coupez les feuilles de laitue en lanières.

4. Détaillez les aiguillettes de poulet en lamelles. Saisissez-les dans une poêle avec l'huile de noisette 6 à 8 minutes afin qu'elles soient bien dorées.

5. Au centre de chaque tortilla, déposez 1 cuillerée à soupe de guacamole. Répartissez les lamelles de poulet et les légumes. Roulez les tortillas en veillant à bien emprisonner la garniture. Dégustez aussitôt.

ŒUFS COCOTTE
AU CANTAL ET AU JAMBON IBÉRIQUE

Pour 4 personnes • Préparation : 15 min • Cuisson : 12 à 15 min

4 œufs • 100 g de cantal • 4 tranches de jambon ibérique • 8 brins de ciboulette • 8 c. à soupe de crème liquide • Sel et poivre • Beurre pour les moules

1. Préchauffez le four à 200 °C (th. 6-7).

2. À l'aide d'un économe, réalisez des copeaux de cantal.

3. Coupez les tranches de jambon en lanières. Rincez et ciselez la ciboulette (réservez-en la moitié pour servir).

4. Beurrez le fond de 4 ramequins ; salez et poivrez. Dans chaque ramequin, déposez 2 cuillerées à soupe de crème liquide. Répartissez les lanières de jambon, les copeaux de cantal et la ciboulette ciselée. Cassez 1 œuf par-dessus.

5. Placez les ramequins dans un bain-marie bien chaud. Enfournez et faites cuire 12 à 15 minutes. Parsemez de ciboulette juste avant de servir.

ESCALOPES DE POULET
MILANAISES

Pour 4 personnes • Préparation : 15 min • Cuisson : 15 min

4 escalopes de poulet • 2 œufs • 200 g de biscottes • 100 g de farine • 100 g de parmesan frais râpé • 1 c. à soupe d'huile de tournesol • Sel et poivre

1. Mixez finement les biscottes jusqu'à l'obtention d'une poudre. Ajoutez le parmesan râpé et mélangez. Déposez cette chapelure dans une assiette creuse.

2. Versez la farine dans une autre assiette. Battez les œufs dans une troisième assiette.

3. Passez chaque escalope dans la farine, dans l'œuf battu puis dans la chapelure au parmesan.

4. Dans une poêle, faites chauffer l'huile puis faites cuire les escalopes panées 5 à 7 minutes de chaque côté à feu vif. Salez et poivrez. Servez les escalopes milanaises avec des capellinis à la crème et au parmesan.

POULET GRILLÉ
À LA MOUTARDE ET AUX ÉPICES

Pour 4 personnes
Préparation : 10 min
Cuisson : 20 min

2 pincées de noix de muscade
1 cuillerée à soupe de graines de carvi
1 cuillerée à café de cumin en poudre
2 pincées de piment en poudre
2 cuillerées à soupe de moutarde
4 blancs de poulet
3 cuillerées à soupe d'huile d'olive
Sel et poivre

1. Coupez les blancs de poulet en deux dans l'épaisseur en portefeuille. Ouvrez-les et placez-les entre 2 morceaux de papier film. Aplatissez-les légèrement avec le fond d'une casserole. Ôtez le film.

2. Dans un bol, mélangez la moutarde avec toutes les épices, l'huile, du sel et du poivre.

3. Badigeonnez généreusement les blancs de poulet de chaque côté avec la moutarde aux épices.

4. Faites chauffer un gril en fonte ou une poêle sur feu moyen. Déposez délicatement les blancs de poulet dessus et faites-les cuire 10 minutes sur feu moyen sans y toucher. Retournez-les et laissez cuire 10 minutes à feu doux.

5. Servez le poulet bien chaud avec une salade de tomates et roquette assaisonnée d'une vinaigrette moutardée.

POULET-COCO AUX CACAHUÈTES

Pour 4 personnes
Préparation : 15 min
Cuisson : 15 min

100 g de cacahuètes salées
4 blancs de poulet
1 blanc d'œuf
1 cuillerée à café de curry en poudre
20 cl de lait de coco
2 cuillerées à soupe de miel liquide
25 g de beurre
2 cuillerées à soupe d'huile de tournesol
Sel et poivre

1. Hachez grossièrement les cacahuètes au couteau et déposez-les dans une assiette. Dans une autre assiette, battez le blanc d'œuf avec une fourchette.

2. Salez et poivrez les blancs de poulet. Roulez-les dans le blanc d'œuf battu puis dans les cacahuètes hachées en appuyant bien pour les faire adhérer.

3. Faites chauffer le beurre et l'huile dans une poêle sur feu moyen. Déposez les blancs de poulet panés puis faites-les cuire 5 minutes de chaque côté. Nappez-les de miel et laissez-les légèrement caraméliser en les arrosant régulièrement avec une cuillère. Débarrassez-les sur une assiette.

4. Versez le lait de coco et un petit verre d'eau dans la poêle. Ajoutez le curry, du sel, du poivre et laissez réduire la sauce 5 minutes sur feu vif.

5. Remettez les blancs de poulet dans la sauce et mélangez. Dégustez aussitôt avec du riz sauté.

MIETTES DE BŒUF
À LA MOUTARDE

Pour 4 personnes • Préparation : 15 min • Cuisson : 10 min

1 grosse c. à soupe de moutarde forte • 4 steaks hachés frais ou surgelés • 8 petits oignons nouveaux • 4 petites salades sucrine ou 1 beau cœur de laitue • 10 cl de sauce Worcestershire • 4 c. à soupe d'huile de tournesol • Sel et poivre

1. Lavez et essorez la salade. Pelez et émincez les petits oignons.

2. Dans une poêle, faites fondre les petits oignons avec l'huile 3 à 4 minutes sur feu moyen.

3. Ajoutez la viande hachée en l'émiettant et saisissez-la 6 à 8 minutes sur feu vif en remuant avec une spatule afin qu'elle soit bien dorée.

4. Versez la sauce Worcestershire et la moutarde dans la poêle. Salez légèrement et poivrez généreusement.

5. Mélangez et laissez cuire 3 minutes sur feu vif.

6. Déposez les feuilles de salade dans le fond d'un plat. Répartissez dessus l'émietté de bœuf et servez aussitôt.

TIAN DE PATATES DOUCES
AU BACON

Pour 4 personnes • Préparation : 15 min • Cuisson : 15 min

600 g de patates douces • 150 g de comté • 12 tranches de bacon • 1 c. à soupe d'huile d'olive

1. Préchauffez le four à 180 °C (th. 6). Pelez et coupez en rondelles les patates douces. Taillez le comté en lamelles. Découpez en deux les tranches de bacon.

2. Huilez un plat allant au four et, disposez-y verticalement dans toute la largeur du plat les rondelles de patates douces intercalées de lamelles de fromage et de tranches de bacon. Enfournez pour 15 minutes environ.

PAVÉS DE CABILLAUD GRILLÉS À LA VANILLE

Pour 4 personnes
Préparation : 10 min
Cuisson : 15 min

1 gousse de vanille
4 pavés de cabillaud de 160 à 180 g frais ou surgelés
150 g de mesclun (salade mélangée)
1 avocat
4 cuillerées à soupe de vinaigre de vin
1 cuillerée à soupe d'huile d'olive
8 cuillerées à soupe d'huile de tournesol
1 cuillerée à soupe de sucre semoule
Sel et poivre

1. Fendez la gousse de vanille dans la longueur et grattez les graines avec la lame d'un couteau. Déposez-les avec la gousse dans une casserole. Ajoutez le sucre, le vinaigre et 3 cuillerées à soupe d'eau. Faites cuire 5 minutes sur feu moyen pour obtenir un sirop légèrement épais. Éteignez le feu et laissez refroidir.

2. Retirez la gousse de vanille du sirop, ajoutez l'huile de tournesol, du sel et du poivre. Mixez au mixeur plongeant pour obtenir une vinaigrette bien émulsionnée.

3. Badigeonnez les pavés de cabillaud d'huile d'olive. Salez et poivrez. Faites-les griller dans une poêle ou au gril 6 à 8 minutes de chaque côté sur feu moyen.

4. Assaisonnez le mesclun avec un peu de vinaigrette à la vanille puis répartissez-le sur les assiettes. Pelez et coupez l'avocat en lamelles et déposez-les sur le mesclun. Ajoutez 1 pavé de cabillaud dessus et nappez-le de vinaigrette. Dégustez aussitôt.

CREVETTES SAUTÉES
AUX NOIX DE CAJOU

Pour 4 personnes
Repos : 15 min
Préparation : 15 min
Cuisson : 15 min

400 g de queues de crevettes crues
100 g de noix de cajou torréfiées
2 branches de céleri vert
2 petites carottes
60 g de mini-épis de maïs frais
60 g de petits pois frais
1 gousse d'ail
1 c. à café de fécule de maïs
2 c. à soupe d'huile végétale
Sel

Marinade :
1 c. à soupe de fécule de maïs
1 c. à soupe de sauce de soja claire
1 cuillerée à soupe d'huile végétale
1 c. à café de sucre semoule
3 tours de poivre du moulin

1. Décortiquez les crevettes, puis coupez-les en deux dans la longueur. Mélangez les crevettes avec les ingrédients de la marinade dans un saladier. Laissez reposer 15 minutes.

2. Émincez le céleri. Épluchez la carotte et taillez-la en fines rondelles. Hachez l'ail. Passez les petits pois 20 secondes dans l'eau bouillante, puis plongez-les dans de l'eau glacée. Égouttez-les.

3. Faites chauffer 1 cuillerée à soupe d'huile dans un wok. Faites revenir les crevettes à feu vif pendant 2 minutes. Retirez du wok et réservez au chaud.

4. Versez 1 cuillerée à soupe d'huile dans le wok et faites-y parfumer l'ail. Faites revenir le céleri et la carotte 1 minute à feu vif. Incorporez les mini-épis de maïs et remuez 20 secondes.

5. Toujours à feu vif, ajoutez les crevettes, les noix de cajou et les petits pois. Mélangez 40 secondes. Délayez la fécule de maïs dans 5 cl d'eau froide, puis versez dans le wok. Remuez jusqu'à ce que la sauce épaississe. Assaisonnez et servez aussitôt.

SPAGHETTIS VERTS
AU JAMBON

Pour 4 personnes
Préparation : 15 min
Cuisson : 10 min

400 g de spaghettis
1 petit bouquet de persil plat
10 feuilles de basilic
4 brins de cerfeuil
4 tranches de jambon blanc
2 gousses d'ail
30 g de pignons de pin
100 g de parmesan ou de gruyère râpé
10 cl d'huile d'olive
Sel et poivre

1. Pelez et dégermez les gousses d'ail.

2. Faites griller à sec les pignons de pin dans une poêle antiadhésive chaude 2 minutes à feu moyen.

3. Dans la cuve d'un robot, déposez toutes les herbes, l'ail, les pignons dorés, l'huile d'olive, du sel et du poivre. Mixez pendant 2 minutes afin d'obtenir un pesto homogène.

4. Faites cuire les spaghettis 8 à 10 minutes dans une grande casserole d'eau bouillante salée.

5. Pendant ce temps, roulez les tranches de jambon puis coupez-les en fines lanières.

6. Égouttez les pâtes et déposez-les dans un saladier. Ajoutez le pesto d'herbes et mélangez rapidement.

7. Répartissez les spaghettis dans 4 assiettes creuses. Ajoutez les lanières de jambon et parsemez de fromage râpé. Dégustez aussitôt.

TAGLIATELLES
À LA BOLOGNAISE AU CURRY

Pour 4 personnes
Préparation : 15 min
Cuisson : 15 min

1 cuillerée à soupe de curry en poudre
400 g de tagliatelles
600 g de steak haché frais ou surgelé
1 oignon jaune
1 gousse d'ail
2 brins de persil plat
25 cl de crème liquide
3 cuillerées à soupe d'huile d'olive
Sel et poivre

1. Décongelez le steak haché s'il est surgelé.

2. Pelez et hachez l'oignon et la gousse d'ail. Faites-les fondre dans une poêle avec l'huile d'olive 5 minutes sur feu moyen. Ajoutez la viande hachée et saisissez-la 5 minutes sur feu vif en mélangeant régulièrement. Salez, poivrez, ajoutez le curry et laissez roussir le tout 2 minutes.

3. Versez la crème et laissez cuire sur feu doux jusqu'à ce que la sauce épaississe légèrement.

4. Pendant ce temps, faites cuire les tagliatelles dans une grande casserole d'eau bouillante salée selon le temps mentionné sur le paquet. Égouttez-les en récupérant 10 cl de bouillon de cuisson ; ajoutez-le dans la poêle.

5. Répartissez les pâtes dans des assiettes creuses. Déposez un peu de bolognaise au curry au centre et parsemez de persil haché. Dégustez aussitôt accompagné de gruyère ou de cheddar râpé.

BRIOCHE PERDUE
AU CHOCOLAT

Pour 4 personnes
Préparation : 15 min
Cuisson : 10 min

8 tranches de brioche
1 tablette de chocolat noir (160 g environ)
2 œufs
4 pincées de cannelle en poudre
25 cl de lait
80 g de beurre
90 g de sucre semoule

1. À l'aide d'un économe, réalisez des copeaux de chocolat avec un tiers de la tablette.

2. Hachez grossièrement le reste de chocolat et déposez-le dans un bol avec 10 cl de lait et 2 pincées de cannelle. Faites fondre au bain-marie sur feu moyen.

3. Battez les œufs dans un plat creux avec le sucre. Ajoutez le reste de lait et de cannelle et battez à nouveau pendant 2 minutes. Déposez les tranches de brioche quelques minutes dans le plat en les retournant afin de bien les imbiber des deux côtés.

4. Faites chauffer le beurre dans une grande poêle antiadhésive. Égouttez les tranches de brioche puis faites-les dorer 3 à 4 minutes de chaque côté sur feu vif.

5. Fouettez le chocolat et le lait au bain-marie pour obtenir une sauce lisse et légèrement épaisse.

6. Parsemez les tranches de brioche perdue de copeaux de chocolat et servez aussitôt avec la sauce chocolat.

ASTUCE

N'hésitez pas à ajouter du beurre pendant la cuisson si nécessaire.

COOKIES
AUX NOIX DE PÉCAN

Pour 20 cookies • Préparation : 10 min • Cuisson : 20 min

200 g de pépites de chocolat (noir, blanc ou au lait) • 100 g de noix de pécan concassées • 375 g de farine • 5 g de levure chimique • 1 œuf • 1 c. à café d'arôme naturel de vanille liquide • 300 g de sucre de canne • 250 g de beurre

1. Préchauffez le four à 160 °C (th. 5-6).

2. Dans un saladier, mélangez vigoureusement le sucre et le beurre. Incorporez l'œuf, la farine, la levure, l'arôme de vanille, les pépites de chocolat et les noix de pécan en mélangeant bien entre chaque ajout.

3. À l'aide d'une cuillère à glace, prélevez environ 20 boules de pâte et disposez-les, sans les étaler, sur une plaque à pâtisserie recouverte de papier sulfurisé, en veillant à les espacer de 6 à 8 cm.

4. Enfournez les cookies 20 minutes. Laissez-les tiédir quelques minutes avant de les décoller de la plaque.

ASTUCE

Remplacez les pépites de chocolat et les noix de pécan par des Smarties®, des noix de macadamia ou des morceaux de caramel mou.

COMPOTE DE POMMES
ET BANANES CARAMÉLISÉES

Pour 4 personnes • Préparation : 10 min • Cuisson : 15 min

2 pommes (Boskoop ou Canada, par exemple) • 4 noix de beurre • 4 c. à soupe de sucre en poudre • 2 bananes bien mûres • 1 trait de jus de citron (facultatif)

1. Pelez les pommes, retirez leurs trognons et coupez la chair en petits dés.

2. Faites chauffer 2 noix de beurre avec 2 cuillerées à soupe de sucre dans une poêle à feu moyen. Faites-y revenir les dés de pomme, jusqu'à ce qu'ils soient caramélisés. Baissez le feu et prolongez la cuisson jusqu'à ce que les pommes ramollissent. Ajoutez un peu d'eau dans la poêle si nécessaire.

3. Pelez les bananes et coupez-les en rondelles. Faites-les cuire à la poêle avec le beurre et le sucre restants, comme les pommes.

4. Réunissez les pommes et les bananes cuites dans un bol avec le jus de citron et écrasez-les à la fourchette de sorte à obtenir une compote.

BÂTONNETS CROQUANTS
ENROBÉS DE CHOCOLAT

Pour 30 bâtonnets
Préparation : 20 min
Repos : 1 h
Cuisson : 12 à 14 min

200 g de chocolat noir à pâtisser
130 g de farine
20 g de poudre d'amandes
1 œuf
75 g de beurre ramolli
50 g de sucre glace
1 pincée de fleur de sel

1. Dans un saladier, travaillez le beurre en pommade. Versez petit à petit le sucre glace en remuant. Ajoutez le sel et mélangez jusqu'à l'obtention d'une texture crémeuse.

2. Ajoutez l'œuf, la poudre d'amandes et la farine. Mélangez bien puis formez une boule compacte. Enveloppez-la de film alimentaire et laissez-la reposer 1 heure au réfrigérateur. Préchauffez le four à 160 °C (th. 5-6).

3. Sur le plan de travail fariné, abaissez la pâte au rouleau sur 5 mm d'épaisseur. Découpez de fins bâtonnets de pâte de 15 cm de long avec un couteau pointu et arrondissez-les légèrement du bout des doigts. À l'aide d'une spatule, disposez-les sur une plaque à pâtisserie recouverte de papier sulfurisé.

4. Enfournez les bâtonnets et faites-les cuire 12 à 14 minutes. Laissez-les refroidir. Faites fondre le chocolat concassé au bain-marie.

5. Plongez les extrémités des bâtonnets dans le chocolat fondu en laissant 2 cm environ de biscuit nature. Laissez-les sécher verticalement.

1927
1070
1648
1827
1678
Scissors
Scientifically accurate with razor steel edges. Blades remain keen longer than ordinary scissors and when dull can be replaced easily and quickly with new blades at trifling cost. Will cut heavy cloth or sheer fabrics without slipping. Scissors with pair of extra blades $1.00. In
Emb 667

BARRES DE CÉRÉALES
AUX FRUITS ROUGES

Pour 12 à 15 barres
Préparation : 10 min
Cuisson : 15 à 18 min

200 g de cornflakes ou muesli aux fruits rouges
4 belles cuillerées à soupe de miel liquide

1. Préchauffez le four à 180 °C (th. 6).

2. Versez les céréales dans un grand saladier. Ajoutez le miel et mélangez avec les mains afin que toutes les céréales soient bien enrobées.

3. Déposez les céréales au miel dans un moule chemisé de papier sulfurisé puis tassez à l'aide d'une spatule. Enfournez et faites cuire 15 à 18 minutes jusqu'à ce que les céréales soient bien dorées.

4. Laissez refroidir quelques instants. Découpez des barres de céréales et dégustez.

EN MOINS DE 45 MINUTES

SABLÉS AUX RAISINS SECS
ET AU PARMESAN

Pour 20 à 25 sablés
Préparation : 10 min
Congélation : 20 min
Cuisson : 15 à 20 min

80 g de raisins secs
4 jaunes d'œufs
160 g de farine
110 g de parmesan râpé
110 g de beurre à température
2 pincées de fleur de sel

1. Faites tremper les raisins secs 10 minutes dans un bol d'eau tiède.

2. Dans la cuve d'un robot équipé de la feuille (accessoire pour mélanger), versez la farine, le sel et le parmesan. Faites tourner à vitesse lente en ajoutant le beurre en petits morceaux. Une fois l'ensemble bien mélangé, ajoutez un à un les jaunes d'œufs puis les raisins secs égouttés. Mixez 3 minutes pour obtenir une pâte homogène.

3. Avec la pâte, formez un boudin large de 6 à 7 cm. Enveloppez-le de film alimentaire et placez-le au congélateur pendant 20 minutes (ou 2 heures au réfrigérateur). Préchauffez le four à 180 °C (th. 6).

4. Sortez le boudin de pâte du réfrigérateur et retirez le film. Coupez-le en rondelles de 5 mm d'épaisseur. Déposez-les sur une plaque de cuisson recouverte de papier sulfurisé.

5. Enfournez les sablés et faites cuire 15 à 20 minutes. Laissez-les refroidir sur la plaque.

CHAUSSONS MOELLEUX
AU THON

Pour 4 personnes
Préparation : 15 min
Cuisson : 20 min

1 boîte de 150 g de thon au naturel
4 carrés de pâte feuilletée de 15 x 15 cm environ
1 jaune d'œuf pour la dorure
2 brins de persil plat
1 cuillerée à soupe d'origan ou de thym séché + un peu pour le dessus
1 grosse cuillerée à soupe de moutarde forte
1 grosse cuillerée à soupe de crème fraîche épaisse
Sel et poivre

1. Préchauffez le four à 180 °C (th. 6).

2. Lavez et ciselez le persil.

3. Égouttez le thon et émiettez-le dans un grand bol. Ajoutez la crème fraîche, la moutarde, le persil, l'origan séché, du sel et du poivre. Mélangez de façon à obtenir une préparation homogène.

4. Déposez les carrés de pâte feuilletée sur une plaque de cuisson recouverte de papier sulfurisé. À l'aide d'un pinceau, badigeonnez-les de jaune d'œuf légèrement délayé avec un peu d'eau froide.

5. Répartissez la préparation au thon au centre de chaque carré puis rabattez les deux angles supérieurs de façon à enfermer la garniture et former un chausson. Badigeonnez le dessus de chaque chausson de jaune d'œuf et d'origan ou de thym.

6. Enfournez les chaussons et laissez cuire 20 minutes. Dégustez-les bien chauds.

MINI-PIZZAS
TOMATE-FROMAGE

Pour 4 personnes • (16 pièces) • Préparation : 15 min • Cuisson : 10 min

20 cl de coulis de tomates • 80 g de gruyère râpé • 4 grandes tranches de bacon • 12 tomates cerise • 1 rouleau de pâte feuilletée • 4 c. à soupe d'huile d'olive

1. Préchauffez le four à 210 °C (th. 7).

2. Déroulez la pâte feuilletée et taillez 16 petits disques à l'aide d'un emporte-pièce ou d'un verre retourné. Déposez-les sur une plaque de cuisson recouverte de papier sulfurisé.

3. Lavez les tomates cerises et détaillez-les en quartiers. Coupez chaque tranche de bacon en quatre.

4. Étalez le coulis de tomates sur les disques de pâte en vous arrêtant à quelques millimètres du bord.

5. Sur chaque disque, déposez une demi-tranche de bacon puis des quartiers de tomates. Parsemez de gruyère râpé et arrosez légèrement d'huile d'olive.

6. Enfournez les mini-pizzas et faites cuire 10 minutes. Dégustez aussitôt.

PETITS HOT-DOGS AU COMTÉ

Pour 6 personnes • Préparation : 15 min • Cuisson : 20 min

18 saucisses cocktail ou 3 saucisses de Strasbourg • 1 pâte feuilletée • 60 g de comté • Moutarde à l'ancienne • 1 jaune d'œuf

1. Préchauffez le four à 180 °C (th. 6). Râpez le comté. Si vous utilisez de longues saucisses, coupez-les en six.

2. Étalez la pâte feuilletée, puis détaillez-la en 18 carrés suffisamment grands pour contenir les morceaux de saucisse. Tartinez-les de moutarde à l'ancienne et parsemez-les de comté râpé.

3. Enroulez chaque saucisse cocktail ou chaque morceau de saucisse d'un carré de pâte feuilletée (avec la moutarde et le comté à l'intérieur).

4. Posez les rouleaux ainsi obtenus sur une plaque de cuisson antiadhésive ou tapissée de papier sulfurisé, puis badigeonnez-les de jaune d'œuf au pinceau.

5. Enfournez les mini hot-dogs pour 15 à 20 minutes de cuisson, jusqu'à ce qu'ils soient bien dorés.

SALADE DE PISSENLITS
AU LARD

Pour 6 personnes
Préparation : 20 min
Cuisson : 15 min

24 pieds de pissenlit
200 g de poitrine fumée
6 œufs
4 tranches de pain de campagne rassis
6 échalotes émincées
2 cuillerées à soupe de vinaigre de vin
2 cuillerées à soupe d'huile
1 noisette de beurre
Poivre

1. Éliminez le bout terreux et les feuilles vertes très foncées des pissenlits. Gardez seulement les feuilles les plus tendres. Rincez et essorez.

2. Plongez les œufs dans une casserole d'eau bouillante et laissez frémir 6 minutes. Égouttez et rafraîchissez sous l'eau. Écalez délicatement.

3. Coupez le pain en cubes et faites dorer dans une poêle avec l'huile et 1 noisette de beurre. Gardez au chaud.

4. Détaillez la poitrine en lardons. Faites chauffer une poêle et faites-les dorer. Après quelques minutes, ajoutez les échalotes. Lorsque les échalotes sont translucides et les lardons bien dorés, déglacez avec le vinaigre, en prenant soin de racler les sucs de cuisson.

5. Présentez la salade avec les œufs et quelques croûtons. Versez par-dessus les lardons et les échalotes vinaigrés encore tièdes et donnez quelques tours de moulin à poivre.

SALADE DE FARFALLES
AU CURRY

Pour 4 personnes
Préparation : 15 min
Cuisson : 20 min

400 g de farfalles
8 œufs
250 g de tomates cerises

Mayonnaise au curry :
1 jaune d'œuf
1 cuillerée à soupe de curry en poudre
1 cuillerée à soupe de moutarde forte
10 cl d'huile de tournesol
Sel et poivre

1. Faites durcir les œufs dans une casserole d'eau bouillante salée pendant 10 minutes. Rafraîchissez-les sous l'eau froide.

2. Faites cuire les farfalles dans une grande casserole d'eau bouillante salée selon le temps indiqué. Égouttez-les puis rafraîchissez-les sous un filet d'eau froide.

3. Lavez les tomates cerises puis coupez-les en deux ou en quatre.

4. Réalisez la mayonnaise : dans un saladier, mélangez le jaune d'œuf avec la moutarde. Versez l'huile en filet sans cesser de fouetter. Salez, poivrez, ajoutez le curry et un petit verre d'eau froide pour obtenir une sauce onctueuse.

5. Écalez les œufs durs refroidis et coupez-les en quartiers. Déposez-les dans le saladier de mayonnaise.

6. Ajoutez les farfalles et les tomates cerises. Mélangez le tout délicatement. Placez le saladier au réfrigérateur jusqu'au moment de servir.

ASTUCE

Pour une salade plus complète, vous pouvez ajouter une boîte de thon au naturel ou 2 belles tranches de jambon blanc coupées en lanières.

SALADE MIAMI
À L'ANANAS

Pour 4 personnes
Préparation : 20 min
Réfrigération : 20 min

1 petite boîte d'ananas au sirop
1 pamplemousse
1 avocat
1 tranche de jambon de 5 mm d'épaisseur
150 g de gruyère
2 grosses cuillerées à soupe de mayonnaise en pot
Sel et poivre

1. Pelez le pamplemousse à vif. Prélevez les quartiers au-dessus d'un bol et pressez le cœur pour récupérer le jus. Mélangez-le à la mayonnaise. Salez et poivrez.

2. Égouttez les morceaux d'ananas dans une passoire puis déposez-les dans un saladier.

3. Détaillez le jambon en petits morceaux. Ôtez la peau de l'avocat et coupez la chair en dés. Coupez les quartiers de pamplemousse en morceaux. Coupez le gruyère en petits cubes. Ajoutez le tout dans le saladier d'ananas.

4. Ajoutez la mayonnaise au pamplemousse, salez, poivrez et mélangez délicatement. Placez le saladier 20 minutes au réfrigérateur avant de déguster.

CLUB SANDWICHS
AU PASTRAMI

Pour 8 à 10 personnes
Préparation : 30 min
Cuisson : 10 min

2 boules de pain de campagne (type Poilâne®)
200 g de pastrami
50 g de cornichons
4 c. à soupe de moutarde à l'ancienne
3 cuillerées à soupe de crème fraîche épaisse

1. Dans un bol, mélangez la crème fraîche et la moutarde.

2. Coupez les cornichons en deux dans le sens de l'épaisseur. Coupez le pain en tranches et faites-les légèrement griller.

3. Tartinez 4 tranches de pain de moutarde crémeuse. Déposez sur chacune 2 tranches de pastrami et des lamelles de cornichons. Superposez les 4 tranches de pain.

4. Renouvelez l'opération avec le reste de pain et d'ingrédients.

5. Avec un couteau à large lame, coupez les sandwichs dans la longueur puis en carrés.

6. Enfoncez 1 petite pique à brochette dans chaque club sandwich. Présentez sur un plat.

SALADE D'AUTOMNE
AUX LENTILLES

Pour 4 personnes
Préparation : 20 min
Cuisson : 20 min

250 g de lentilles
12 tranches de lard très fines
1 carotte
1 oignon
2 grosses échalotes
150 g de roquefort
60 g de cerneaux de noix
3 brins de cerfeuil
2 tranches de pain de mie
4 cuillerées à soupe de vinaigre de vin
10 cl d'huile de tournesol
Sel et poivre

1. Pelez la carotte et l'oignon. Rincez les lentilles sous l'eau froide. Déposez-les dans une casserole avec la carotte, l'oignon et du poivre. Couvrez avec 2 litres d'eau, portez à ébullition puis laissez cuire 15 à 20 minutes sur feu moyen. Salez. Une fois cuites, égouttez les lentilles et rincez-les sous l'eau froide.

2. Coupez le pain de mie en petits cubes. Faites-les frire 4 à 5 minutes dans une poêle avec la moitié de l'huile. Égouttez-les. Enlevez l'huile de la poêle. Faites dorer les tranches de lard à sec dans la poêle chaude 2 minutes de chaque côté sur feu vif. Égouttez-les sur du papier absorbant.

3. Hachez les noix. Émiettez le roquefort. Effeuillez le cerfeuil. Émincez les échalotes.

4. Dans un saladier, mélangez le vinaigre avec du sel et du poivre ; versez le reste d'huile en fouettant pour émulsionner la vinaigrette. Ajoutez les lentilles, les noix, le roquefort, les échalotes et le cerfeuil. Mélangez le tout et réfrigérez.

5. Disposez les tranches de lard coupées en deux sur la salade et parsemez de croûtons.

ŒUFS COCOTTE
AUX CHAMPIGNONS

Pour 4 personnes
Préparation : 20 min
Cuisson : 15 min

1 petite boîte de champignons de Paris entiers ou en quartiers
8 œufs
60 g de gruyère râpé
1 échalote
2 brins de persil plat frais hachés ou 1 cuillerée à soupe de persil surgelé
4 cuillerées à soupe de crème fraîche épaisse
20 g de beurre
Beurre pour les ramequins
Sel et poivre

1. Préchauffez le four à 180 °C (th. 6).

2. Égouttez les champignons dans une passoire et rincez-les sous l'eau froide.

3. Pelez et hachez l'échalote. Faites-la fondre dans une poêle avec le beurre 3 minutes sur feu moyen. Ajoutez les champignons et faites-les rissoler 2 minutes sur feu vif en remuant. Éteignez le feu. Ajoutez le persil haché, poivrez et salez légèrement. Mélangez.

4. Beurrez 8 petits ramequins (ou 4 grands). Répartissez la crème fraîche dans les ramequins, salez et poivrez. Ajoutez les champignons puis cassez 1 ou 2 œufs dans chaque ramequin (selon la taille). Salez, poivrez et parsemez la surface de gruyère râpé.

5. Placez les ramequins dans un bain-marie d'eau chaude. Couvrez le plat de papier d'aluminium et enfournez. Faites cuire 10 minutes. Retirez l'aluminium et continuez la cuisson 5 minutes.

6. Dégustez les œufs cocotte dès la sortie du four avec du pain frais ou des mouillettes croustillantes.

OMELETTE ROULÉE
À L'ESPAGNOLE

Pour 4 personnes
Préparation : 15 min
Cuisson : 25 min

250 g de ratatouille en boîte ou en bocal
12 œufs
100 g de chorizo fort
½ oignon
2 gousses d'ail
½ cuillerée à café de piment doux en poudre
20 g de beurre
4 cuillerées à soupe d'huile d'olive
Sel et poivre

1. Égouttez la ratatouille. Pelez et hachez les gousses d'ail et l'oignon. Faites-les fondre dans une poêle avec 2 cuillerées à soupe d'huile d'olive pendant 4 à 5 minutes. Ajoutez la ratatouille, mélangez et laissez cuire 2 minutes à feu moyen.

2. Retirez la peau du chorizo ; coupez-le en rondelles puis recoupez celles-ci en deux.

3. Dans un grand bol, battez 3 œufs à la fourchette avec une pointe de piment, du sel et du poivre.

4. Faites chauffer 1 noisette de beurre et 1 filet d'huile d'olive dans une petite poêle antiadhésive. Versez les œufs battus et un quart de la ratatouille. Laissez cuire 4 à 5 minutes sur feu moyen en mélangeant doucement avec une fourchette. Ajoutez un quart du chorizo et continuez la cuisson 1 à 2 minutes sans remuer.

5. Roulez délicatement l'omelette en inclinant la poêle. Réservez-la au chaud. Réalisez ainsi trois autres omelettes.

GÂTEAU D'OMELETTE
AUX TOMATES

Pour 4 personnes
Préparation : 15 min
Cuisson : 25 min

250 g de tomates pelées en boîte
6 gros œufs
8 tranches de bacon
60 g de parmesan râpé
2 brins de persil plat
40 g de beurre
3 cuillerées à soupe d'huile de tournesol
Sel et poivre

1. Lavez et ciselez le persil. Mixez les tomates pelées avec leur jus au mixeur plongeant pendant 20 secondes pour obtenir un coulis.

2. Battez les œufs dans un saladier. Ajoutez le coulis, le parmesan, le persil, du sel et du poivre. Mélangez le tout.

3. Émincez les tranches de bacon. Faites chauffer la moitié de l'huile dans une poêle antiadhésive large de 20 cm puis faites rissoler le bacon 3 minutes à feu moyen. Ajoutez le beurre et versez les œufs à la tomate dans la poêle. Faites cuire 5 minutes en remuant avec une fourchette jusqu'à ce que les œufs prennent. Laissez ensuite cuire 12 à 15 minutes sur feu moyen sans mélanger.

4. Retournez le gâteau d'omelette dans la poêle à l'aide d'une grande assiette. Versez le reste de l'huile autour et laissez cuire 5 minutes sur l'autre face.

5. Faites glisser le gâteau d'omelette sur un plat de service et dégustez aussitôt accompagné de pommes de terre sautées à l'ail et au piment.

NUGGETS DE POULET
AU CURRY

Pour 4 personnes • Préparation : 15 min • Marinade : 20 min • Cuisson : 10 min

6 filets de poulet • 2 oignons nouveaux • 3 œufs • 1 c. à soupe de curry en poudre • 300 g de chapelure fine • 5 cl d'huile d'olive • Huile de friture • Sel et poivre

1. Coupez les filets de poulet en petites bouchées. Pelez et émincez finement les oignons.

2. Versez l'huile d'olive dans un saladier. Ajoutez les oignons, le curry, du sel et du poivre. Déposez les morceaux de poulet et mélangez bien le tout. Laissez mariner 20 minutes au réfrigérateur.

3. Faites chauffer l'huile de friture à 180 °C environ.

4. Battez les œufs dans une assiette creuse. Versez la chapelure dans une autre assiette. Trempez les bouchées de poulet une à une dans l'œuf battu puis roulez-les dans la chapelure. Plongez-les aussitôt dans l'huile bouillante et laissez cuire jusqu'à ce qu'elles soient bien dorées. Égouttez-les sur du papier absorbant. Dégustez vos nuggets bien chauds.

PATATAS
BRAVAS

Pour 6 personnes • Préparation : 15 min • Cuisson : 20 min environ

1 kg de pommes de terre (charlotte ou ratte) • 1 grande boîte de tomates pelées • 2 cuillerées à soupe de Tabasco® • 1 cuillerées à café de sucre semoule • 1 pincée de piment d'Espelette • 2 cuillerées à soupe d'huile d'olive • Sel et poivre

1. Lavez les pommes de terre et plongez-les, sans les éplucher, dans une casserole d'eau salée. Faites-les cuire pendant 15 à 20 minutes (la lame d'un couteau doit pouvoir les traverser sans les exploser).

2. Versez les tomates pelées dans une casserole. Ajoutez le sucre et le Tabasco®. Faites compoter 15 à 20 minutes à feu doux.

3. Égouttez les pommes de terre et coupez-les en quartiers. Faites-les dorer de tous côtés dans une grande sauteuse avec l'huile d'olive, en les assaisonnant de piment d'Espelette, fleur de sel et poivre.

4. Servez les patatas bravas avec la sauce piquante.

SAUTÉ DE POULET À L'ORIENTALE

Pour 4 personnes • Préparation : 15 min • Cuisson : 30 min

1 cuillerée à soupe de harissa • 4 blancs de poulet • 1 poivron vert • 1 poivron rouge • 1 oignon • 1 cuillerée à soupe de graines de coriandre • 20 cl de coulis de tomates • 4 cuillerées à soupe d'huile d'olive • Sel et poivre

1. Coupez les blancs de poulet en cubes.

2. Épluchez les poivrons et coupez-les en petits morceaux. Pelez et hachez l'oignon.

3. Dans une poêle, faites fondre l'oignon avec l'huile d'olive 5 minutes sur feu moyen. Ajoutez les morceaux de poivrons et faites cuire 6 à 8 minutes sur feu moyen. Réservez le tout.

4. Déposez les cubes de poulet avec les graines de coriandre dans la poêle. Faites rissoler 3 à 4 minutes sur feu vif. Remettez le mélange poivron-oignon dans la poêle. Ajoutez la harissa, le coulis de tomates, un grand verre d'eau, du sel et du poivre. Mélangez et laissez cuire 15 minutes sur feu moyen.

5. Dégustez avec une semoule parfumée à la coriandre fraîche.

PENNE
AUX DEUX FROMAGES

Pour 4 personnes • Préparation : 10 min • Cuisson : 25 min

400 g de penne • 100 g de cantal • 50 g de cheddar (ou de gouda) • 30 g de parmesan râpé • 30 g de chapelure • 30 cl de crème liquide • Noix de muscade • Sel

1. Préchauffez le four à 180 °C (th. 6).

2. Faites cuire les pennes dans une grande quantité d'eau salée, 2 minutes de moins que le temps indiqué sur le paquet.

3. Pendant la cuisson, râpez le cantal et le cheddar. Mélangez le parmesan râpé avec la chapelure dans un second bol.

4. Égouttez les pennes. Mélangez-les avec la crème liquide, le cantal et le cheddar râpés. Salez le mélange et râpez de la noix de muscade dedans.

5. Versez les pennes dans un plat allant au four. Parsemez-les avec le mélange de chapelure et de parmesan. Mettez le plat au four pour 10 minutes de cuisson. Terminez la cuisson en mode gril le temps de dorer la surface.

WOK DE NOUILLES
AUX CREVETTES

Pour 4 personnes
Préparation : 20 min
Cuisson : 15 min

250 g de nouilles chinoises
400 à 500 g de crevettes roses fraîches ou surgelées
1 piment vert long
2 gousses d'ail
1 morceau de racine de gingembre frais (3 cm)
½ bouquet de basilic
10 cl de sauce soja sucrée
3 cuillerées à soupe d'huile d'olive
Sel et poivre

1. Faites cuire les nouilles chinoises 4 à 5 minutes dans une casserole d'eau bouillante salée. Égouttez-les et rafraîchissez-les sous l'eau froide.

2. Décortiquez les crevettes si elles sont fraîches. Épluchez et hachez les gousses d'ail. Pelez et râpez le gingembre. Coupez le piment en deux, ôtez les graines et émincez-le finement. Lavez et ciselez le basilic.

3. Dans un wok ou une poêle, faites chauffer l'huile d'olive puis faites dorer les crevettes 2 à 3 minutes sur feu vif ; salez et poivrez. Ajoutez l'ail et le piment. Mélangez et laissez cuire 1 minute sur feu moyen. Ajoutez ensuite le gingembre, les nouilles et la sauce soja. Poursuivez la cuisson 2 à 3 minutes sur feu vif en remuant sans cesse.

4. Parsemez la préparation de basilic et mélangez. Répartissez les nouilles aux crevettes dans les assiettes et dégustez aussitôt.

RIZ CANTONAIS
AU CHORIZO

Pour 4 personnes
Préparation : 15 min
Cuisson : 25 min

160 g de riz long ou rond
150 g de chorizo
1 petite boîte de petits pois
4 œufs
30 g de beurre
3 cuillerées à soupe d'huile d'olive
Sel et poivre

1. Faites cuire le riz 10 minutes dans une casserole d'eau bouillante salée. Égouttez-le et rafraîchissez-le sous l'eau froide.

2. Égouttez les petits pois dans une passoire et rincez-les sous un filet d'eau froide.

3. Battez les œufs dans un bol avec du sel et du poivre. Faites-les cuire en omelette dans une poêle avec le beurre 4 à 5 minutes. Laissez-la refroidir puis émincez-la en petits dés.

4. Retirez la peau du chorizo ; détaillez-le en cubes.

5. Faites chauffer l'huile dans une grande poêle puis faites rissoler le riz 3 à 4 minutes. Ajoutez les petits pois et le chorizo ; salez et poivrez. Laissez cuire le tout 5 minutes sur feu vif en remuant sans cesse.

6. Incorporez les morceaux d'omelette à la préparation et dégustez aussitôt.

RISOTTO AU SAFRAN
CHORIZO ET SOT-L'Y-LAISSE

Pour 4 personnes
Préparation : 15 min
Cuisson : 20 min

24 sot-l'y-laisse
300 g de riz à risotto (arborio ou carnaroli)
8 tranches de chorizo espagnol
1 oignon
1 gousse d'ail
Quelques brins de persil plat
1,5 litre de bouillon de volaille
50 g de parmesan râpé
1 cuillerée à café de safran moulu
2 cuillerées à soupe d'huile d'olive
Sel et poivre

1. Dans une casserole, faites chauffer le bouillon de volaille.

2. Pelez et émincez l'oignon. Pelez, dégermez et hachez l'ail. Lavez et ciselez le persil. Coupez les tranches de chorizo en quatre.

3. Dans une sauteuse, faites revenir les sot-l'y-laisse avec l'huile d'olive 2 minutes sur feu vif en remuant. Ajoutez l'ail, l'oignon, le chorizo et le safran. Mélangez et poursuivez la cuisson 5 minutes.

4. Déposez le riz dans la sauteuse et mélangez 2 à 3 minutes pour bien nacrer les grains. Versez le bouillon de volaille bien chaud sur le riz, louche après louche (attendez qu'il ait été totalement absorbé avant d'en rajouter). Faites ainsi cuire le risotto 18 à 20 minutes à feu doux afin qu'il soit bien tendre et crémeux.

5. Hors du feu, parsemez de parmesan en copeaux et de persil ciselé. Salez et poivrez et dégustez.

CRUMBLES AUX PETITS POIS
ET AU JAMBON

Pour 4 personnes
Préparation : 15 min
Cuisson : 20 min

400 g de petits pois en boîte
4 tranches de jambon
50 g de parmesan râpé
50 g de farine
120 g de beurre à température
Sel et poivre

1. Préchauffez le four à 200 °C (th. 6-7).

2. Égouttez et rincez les petits pois dans une passoire. Faites-les chauffer dans une casserole avec un petit verre d'eau, du sel et du poivre 5 minutes sur feu moyen.

3. Mixez les petits pois chauds avec 80 g de beurre coupé en petits morceaux jusqu'à l'obtention d'une purée lisse.

4. Déposez la purée de petits pois dans un saladier puis incorporez le jambon coupé en dés.

5. Dans un grand bol, mélangez du bout des doigts le reste de beurre ramolli avec la farine et le parmesan pour obtenir une pâte légèrement friable.

6. Répartissez la purée de petits pois dans 4 grands ramequins ou plats individuels. Émiettez la pâte de crumble par-dessus. Enfournez et faites cuire 20 minutes. Servez aussitôt accompagné d'une salade de chou rouge ou d'un coleslaw.

TOMATES FARCIES
AUX MERGUEZ ET AU CHÈVRE

Pour 4 personnes • Préparation : 15 min • Cuisson : 45 min

4 grosses tomates (type cœur-de-bœuf) • 2 échalotes • 4 merguez • 1 chèvre frais (type Petit Billy®) • 1 poignée de raisins secs

1. Préchauffez le four à 180 °C (th. 6). Pelez les échalotes et coupez-les en dés.

2. Fendez les merguez avec un couteau et récupérez la chair dans un bol.

3. Écrasez la chair des merguez à la fourchette en la mélangeant avec le fromage de chèvre, les raisins secs et les échalotes.

4. Coupez le dessus des tomates et conservez ces « chapeaux ». Videz la chair des tomates à l'aide d'une cuillère, puis farcissez-les avec la préparation à base de merguez.

5. Replacez les « chapeaux » sur les tomates et déposez-les dans un plat allant au four. Enfournez-les pour 45 minutes de cuisson.

ASTUCE

Si vos convives ont un grand appétit, préparez 2 tomates par personne.

WELSH

Pour 6 personnes • Préparation : 10 min • Cuisson : 12 min

6 tranches épaisses de pain de mie • 6 tranches de jambon blanc • 600 g de cheddar • 20 cl de bière blonde • 2 c. à soupe de moutarde • Sel et poivre

1. Préchauffez le gril du four. Toastez les tranches de pain. Disposez chaque tranche dans un petit plat individuel et recouvrez d'une tranche de jambon.

2. Détaillez le cheddar en petits cubes et faites fondre à feu doux dans une casserole avec la bière. Ajoutez la moutarde hors du feu et poivrez (le fromage est suffisamment salé). Répartissez dans chaque plat et laissez gratiner 5 minutes sous le gril.

3. Accompagnez le tout de frites, d'une salade verte et bien sûr d'une bière !

ASTUCE

Certains n'hésitent pas à servir le welsh surmonté d'un œuf sur le plat !

FLAMMEKUECHE

Pour 6 personnes
Préparation : 30 min
Cuisson : 8 min
Repos : 2 h

Pâte à pain :
500 g de farine T45
15 g de levure de boulanger
30 cl d'eau tiède
2 cuillerées à soupe d'huile d'olive
2 cuillerées à café de sel

Garniture :
4 beaux oignons finement émincés
220 g de poitrine fumée coupée en lardons
125 g de fromage blanc
25 cl de crème épaisse
Sel et poivre

1. Préparez la pâte à pain. Dans un bol, délayez la levure avec 2 ou 3 cuillerées à soupe d'eau tiède. Réservez 10 minutes.

2. Dans un grand saladier, disposez la farine et la levure. Mélangez. Versez le reste d'eau, le sel et l'huile d'olive. Incorporez progressivement la farine. Pétrissez la pâte pendant 10 minutes. Elle doit être lisse et élastique.

3. Transférez la pâte dans un saladier légèrement huilé et recouvrez d'un torchon humidifié. Laissez lever 2 heures dans un endroit tiède.

4. Préchauffez le four à 240 °C (th. 8). Lorsque la pâte est levée, dégazez en l'écrasant du poing pour la faire retomber. Partagez la pâte à pain en trois et abaissez chaque pâton sur 2 mm d'épaisseur. Déposez les pâtons sur une tôle préalablement recouverte de papier sulfurisé.

5. Dans un grand bol, mélangez la crème épaisse et le fromage blanc. Salez et poivrez.

6. Étalez le mélange de crème et de fromage blanc sur les tartes, garnissez d'oignons et de lardons. Enfournez pour 8 minutes de cuisson.

GRATIN
DE COQUILLETTES AU KIRI®

Pour 4 personnes
Préparation : 20 min
Cuisson : 15 à 20 min

400 g de coquillettes
8 Kiri® ou Vache qui rit®
4 tranches de jambon blanc
30 cl de crème liquide
Sel et poivre

1. Faites cuire les coquillettes dans une casserole d'eau bouillante salée selon le temps mentionné sur le paquet. Égouttez-les et rafraîchissez-les sous l'eau froide.

2. Préchauffez le gril du four à 200 °C (th. 6-7).

3. Versez la crème liquide dans une casserole. Ajoutez 6 Kiri®, du sel et du poivre. Portez à ébullition sur feu moyen en mélangeant avec une spatule pour faire fondre le fromage et obtenir une crème onctueuse.

4. Coupez les tranches de jambon en petits dés. Dans un récipient, mélangez les coquillettes avec la crème au Kiri® et les dés de jambon. Répartissez-les dans des petits plats individuels ou un grand plat à gratin. Éparpillez le reste de Kiri® coupé en morceaux sur la surface.

5. Faites gratiner la préparation 15 à 20 minutes sous le gril du four. Dégustez aussitôt.

BURGERS AU POULET
FAÇON CAESAR

Pour 4 personnes
Préparation : 30 min
Cuisson : 15 min

4 pains à burger sous vide ou surgelés
4 filets de poulet ou escalopes de dinde
4 filets d'anchois
2 tomates
1 gros oignon rouge
2 gousses d'ail
1 poignée de salade verte
1 œuf entier + 1 jaune
80 g de parmesan entier
1 cuillerée à soupe de moutarde forte
10 cl d'huile de tournesol + 1 cuillerée à soupe pour la cuisson
Sel et poivre

1. Faites durcir 1 œuf 10 minutes dans une casserole d'eau bouillante salée. Pendant ce temps, coupez les filets de poulet en deux dans l'épaisseur. Faites-les griller dans une poêle avec 1 cuillerée à soupe d'huile 5 à 7 minutes de chaque côté. Salez et poivrez.

2. Pelez et hachez les gousses d'ail. Rafraîchissez l'œuf dur sous l'eau froide puis écalez-le. Coupez-le en morceaux. Déposez-les dans un bol haut avec le jaune d'œuf, la moutarde, les anchois, l'ail, 3 cuillerées à soupe d'eau froide, l'huile, du sel et du poivre. Mixez le tout de façon à obtenir la sauce Caesar.

3. Coupez l'oignon en tranches. Coupez les tomates en rondelles. Émincez la salade. Réalisez des copeaux de parmesan à l'aide d'un économe.

4. Coupez les pains en deux et toastez-les au four. Badigeonnez le talon de sauce Caesar. Répartissez dessus la moitié de la salade. Ajoutez les tranches d'oignon, les rondelles de tomate, les morceaux de poulet, les copeaux de parmesan et le reste de salade. Nappez le tout de sauce Caesar. Recouvrez avec le chapeau et dégustez.

PALMIERS

Pour 30 palmiers
Préparation : 20 min
Repos : 30 min
Cuisson : 12 à 15 min

1 pâte feuilletée pur beurre (230 à 250 g)
30 g de sucre semoule

1. Sur le plan de travail fariné, étalez la pâte en un rectangle de 3 à 4 mm d'épaisseur. Saupoudrez toute la surface de sucre et lissez avec le rouleau pour le faire adhérer à la pâte.

2. Enroulez chaque grand côté du rectangle de pâte jusqu'au milieu de façon à former un double rouleau. Humectez légèrement les bords des boudins pour les coller l'un à l'autre. Placez la pâte 30 minutes au réfrigérateur.

3. Préchauffez le four à 200 °C (th. 6-7).

4. Coupez le rouleau en lamelles de 1 cm d'épaisseur puis déposez-les sur une plaque à pâtisserie légèrement humidifiée (pour la caramélisation). Aplatissez-les du bout des doigts pour leur donner une belle forme et saupoudrez de sucre.

5. Enfournez les palmiers et faites-les cuire 12 à 15 minutes jusqu'à ce qu'ils soient juste dorés. Dès la sortie du four, retournez-les sur la plaque pour fixer le sucre. Laissez-les refroidir sur une grille avant de les déguster.

TARTELETTES
À LA FRAISE

Pour 6 tartelettes
Préparation : 20 min
Repos : 2 h
Cuisson : 18 à 20 min

1 pot de confiture de fraises
125 g de farine
80 g de poudre d'amandes
1 gros œuf
100 g de beurre ramolli
70 g de sucre semoule

1. Dans un saladier, travaillez le beurre en pommade à l'aide d'une spatule. Versez le sucre et fouettez jusqu'à l'obtention d'une texture crémeuse. Ajoutez la poudre d'amandes puis l'œuf légèrement battu. Mélangez le tout.

2. Incorporez la farine afin d'obtenir une pâte homogène et collante. Déposez-la sur un rectangle de film alimentaire, enveloppez-la et placez-la 2 heures au réfrigérateur. Préchauffez le four à 170 °C (th. 5-6).

3. Sortez la pâte du réfrigérateur, ôtez le film puis prélevez 6 boules. Déposez 1 boule de pâte au centre de chaque moule à tartelette et aplatissez-la à la main de manière à épouser la forme du moule. À l'aide du fond d'un verre fariné, formez un creux (qui servira à garnir vos tartelettes).

4. Enfournez les tartelettes et faites-les cuire 18 à 20 minutes jusqu'à ce qu'elles soient légèrement dorées. En cours de cuisson, redessinez le creux avec le verre retourné. Laissez les tartelettes refroidir puis démoulez-les délicatement sur une grille. Garnissez-les de confiture de fraises.

BISCUITS FOURRÉS
À LA FIGUE

Pour 10 à 12 biscuits
Préparation : 20 min
Repos : 1 h
Cuisson : 20 à 22 min

Une pâte sablée pur beurre
250 g de figues sèches moelleuses
120 g de farine
½ cuillerée à café de levure chimique
20 g de poudre d'amandes
1 jaune d'œuf
80 g de beurre ramolli
40 g de sucre glace
1 jaune d'œuf délayé avec 1 cuillerée à soupe de lait pour la dorure

1. Faites tremper les figues dans un bol d'eau tiède.

2. Préchauffez le four à 180 °C (th. 6). Égouttez les figues et mixez-les jusqu'à l'obtention d'une pâte. Placez-la 1 heure au réfrigérateur.

3. Étalez la pâte sablée et partagez-la en trois. Façonnez 1 morceau en boudin puis aplatissez-le au rouleau. Déposez de la pâte de figues sur toute la longueur et roulez le morceau de pâte sablée de façon à enfermer la pâte de figues. Recommencez l'opération avec le reste de pâte sablée et de figues.

4. Découpez les rouleaux en tronçons de 6 cm. Appuyez dessus le dos d'une fourchette pour marquer les biscuits. Badigeonnez-les de jaune d'œuf délayé dans le lait.

5. Déposez les biscuits sur une plaque à pâtisserie recouverte de papier sulfurisé. Enfournez et faites cuire 20 à 22 minutes jusqu'à ce qu'ils soient dorés. Laissez-les refroidir sur une grille.

1759
BLADE
Scissors

BISCUITS FOURRÉS
AU CHOCOLAT ET À LA NOISETTE

Pour 10 à 12 biscuits
Préparation : 20 min
Repos : 2 h
Cuisson : 12 à 15 min

25 g de poudre de noisettes
180 g de farine
1 cuillerée à café de bicarbonate de soude
1 cuillerée à café d'arôme naturel de vanille
1 œuf
80 g de beurre demi-sel ramolli
70 g de sucre semoule

Ganache :
200 g de chocolat noir à pâtisser concassé
10 cl de crème liquide entière

1. Dans un saladier, travaillez le beurre en pommade. Ajoutez le sucre et l'arôme vanille puis mélangez jusqu'à l'obtention d'une texture crémeuse. Incorporez l'œuf battu. Ajoutez ensuite la farine, le bicarbonate et la poudre de noisettes.

2. Pétrissez le tout afin d'obtenir une pâte homogène. Formez une boule, enveloppez-la de film alimentaire et placez-la 2 heures au réfrigérateur. Préchauffez le four à 180 °C (th. 6).

3. Sur un plan de travail fariné, abaissez la pâte au rouleau sur 5 mm d'épaisseur. Découpez des disques de pâte puis déposez-les sur une plaque à pâtisserie recouverte de papier sulfurisé. Enfournez les biscuits et faites-les cuire 12 à 15 minutes. Laissez-les refroidir sur une grille.

4. Réalisez la ganache : dans un bol placé au bain-marie, faites fondre le chocolat avec la crème liquide. Mélangez afin d'obtenir une ganache lisse. Déposez 1 cuillerée à café de ganache sur la moitié des biscuits puis recouvrez avec les biscuits restants.

MUFFINS AUX MYRTILLES

Pour 6 muffins • Préparation : 15 min • Cuisson : 25 à 30 min

200 g de myrtilles fraîches • 250 g de farine • 8 g de levure chimique • 2 œufs • 12 cl de lait • 110 g de beurre ramolli • 150 g de sucre semoule • 1 pincée de sel

1. Préchauffez le four à 180 °C (th. 6).

2. Dans un saladier, fouettez le beurre et le sucre. Incorporez les œufs en fouettant. Ajoutez successivement la farine, la levure, le sel et le lait en remuant bien entre chaque ajout. Incorporez les myrtilles en mélangeant le tout délicatement.

3. Répartissez la préparation dans un moule à muffins ou dans des caissettes en papier.

4. Enfournez les muffins et faites-les cuire 25 à 30 minutes (vérifiez la cuisson à l'aide de la pointe d'un couteau : elle doit ressortir sèche). Laissez-les refroidir avant de démouler.

BROWNIE

Pour 8 à 10 personnes • Préparation : 15 min • Cuisson : 20 à 25 min

150 g de chocolat noir à pâtisser • 150 g de noix de pécan concassées • 150 g de farine • 4 œufs • 200 g de beurre ramolli • 200 g de sucre semoule • 1 pincée de sel • Beurre et farine pour le moule

1. Préchauffez le four à 180 °C (th. 6).

2. Faites fondre le chocolat concassé au bain-marie puis laissez-le tiédir.

3. Dans un saladier, fouettez vigoureusement le beurre et le sucre pour obtenir une texture crémeuse. Ajoutez les œufs un par un puis le chocolat fondu en mélangeant bien entre chaque ajout. Incorporez progressivement la farine et le sel puis les noix de pécan.

4. Versez la préparation dans un plat carré ou rectangulaire beurré et fariné. Enfournez et faites cuire 20 à 25 minutes.

5. Laissez tiédir le brownie avant de le démouler.

WHOOPIES
AU NUTELLA®

Pour 12 whoopies
Préparation : 30 min
Cuisson : 10 à 12 min
Réfrigération : 30 min

1 gros œuf
110 g de farine tamisée
½ sachet de levure chimique
100 g de sucre roux
100 g de beurre
150 g de Nutella®

1. Faites fondre le beurre au micro-ondes ou dans une casserole au bain-marie.

2. À l'aide d'un batteur, fouettez l'œuf et le sucre. Ajoutez le beurre fondu puis la farine et la levure. Continuez de mélanger au batteur afin d'avoir une pâte bien lisse. Ajoutez 2 cuillerées à soupe de Nutella® ramolli. Mélangez à nouveau.

3. Roulez la pâte en un boudin de 5 cm d'épaisseur, filmez et placez-le 30 minutes au réfrigérateur. Préchauffez le four à 180 °C (th. 6). Sortez la pâte du réfrigérateur, enlevez le film et coupez le boudin en 24 rondelles de 1 cm d'épaisseur.

4. Déposez les rondelles de pâte sur une plaque à pâtisserie recouverte de papier sulfurisé. Enfournez et faites cuire 10 à 12 minutes. Laissez tiédir, puis décollez-les à l'aide d'une spatule et faites-les refroidir sur une grille.

5. Assemblez les biscuits deux par deux en les collant avec 1 cuillerée à café de Nutella®.

MINI-CAKES MOELLEUX
À LA NOIX DE COCO

Pour 40 mini-cakes
Préparation : 25 min
Cuisson : 12 à 15 min

80 g de noix de coco râpée + un peu pour la décoration
5 cuillerées à soupe de lait de coco
200 g de farine
1 sachet de levure chimique
4 œufs
150 g de beurre ramolli
100 g de sucre semoule

Sirop :
1 cuillerée à soupe d'eau de fleur d'oranger
1 cuillerée à café de jus de citron
25 cl d'eau
300 g de sucre semoule

1. Préchauffez le four à 180 °C (th. 6).

2. Préparez le sirop : dans une casserole, faites chauffer l'eau avec le sucre, le jus de citron et l'eau de fleur d'oranger. Portez à ébullition et éteignez le feu dès que le mélange devient sirupeux. Réservez.

3. Dans un saladier, mélangez la farine, la noix de coco râpée et la levure.

4. Dans un autre saladier, mélangez le beurre et le sucre. Incorporez les œufs puis le mélange à base de farine. Ajoutez le lait de coco.

5. Remplissez des moules à muffins aux trois quarts. Enfournez et faites cuire pendant 12 à 15 minutes.

6. Parsemez vos petits moelleux de noix de coco et dégustez-les tièdes ou froids avec le sirop.

CRUMBLE DE FRUITS
AUX CÉRÉALES

Pour 4 personnes
Préparation : 20 min
Cuisson : 20 min
Repos : 5 min

100 g de céréales (type muesli) nature ou parfumées
2 bananes
2 pommes
1 poire
80 g de farine
1 cuillerée à soupe de miel liquide
80 g de beurre
100 g de sucre semoule

1. Préchauffez le four à 180 °C (th. 6).

2. Dans un saladier, mélangez 60 g de beurre ramolli avec 80 g de sucre, la farine et les céréales pour obtenir une pâte légèrement friable.

3. Lavez les pommes et la poire, puis ôtez le cœur. Coupez-les en gros cubes. Saisissez-les dans une poêle avec le reste pendant 3 minutes à feu moyen. Ajoutez le reste de sucre et le miel. Laissez caraméliser 2 minutes.

4. Épluchez les bananes et coupez-les en grosses rondelles. Mélangez-les aux cubes de fruits.

5. Déposez les fruits dans un plat allant au four.

6. Répartissez la pâte à crumble dessus. Enfournez et faites cuire 20 à 25 minutes. Laissez le crumble reposer 5 minutes avant de déguster.

ASTUCE

Pensez à varier les fruits en fonction des saisons.

GÂTEAU AU YAOURT
CHOCO-CONFITURE

Pour 4 à 6 personnes
Préparation : 15 min
Cuisson : 30 min

1 yaourt
3 œufs
2 pots à yaourt de farine
½ sachet de levure chimique
½ pot à yaourt d'huile végétale
Beurre et farine pour le moule
2 pots à yaourt de sucre semoule

Garniture :
200 g de chocolat blanc à pâtisser
4 cuillerées à soupe de confiture de groseilles
15 cl de crème liquide

1. Préchauffez le four à 180 °C (th. 6). Versez le yaourt dans un saladier ; lavez et séchez le pot. Ajoutez le sucre et mélangez. Ajoutez les œufs, la farine, la levure et l'huile en mélangeant à chaque fois.

2. Beurrez et farinez un moule à manqué de 20 à 25 cm de diamètre puis remplissez-le de pâte. Faites cuire 25 à 30 minutes. Laissez reposer le gâteau 5 minutes avant de le démouler délicatement sur une grille. Laissez-le complètement refroidir.

3. Pour la garniture, concassez le chocolat dans un bol. Ajoutez 1 cuillerée à soupe de crème liquide et faites fondre au micro-ondes ou au bain-marie. Laissez refroidir. Fouettez le reste de crème liquide en chantilly. Incorporez-la au chocolat fondu.

4. Coupez le gâteau en deux dans l'épaisseur. Garnissez la base de crème au chocolat blanc puis étalez dessus la confiture de groseilles. Recouvrez avec l'autre partie du gâteau en appuyant légèrement. Placez le gâteau au réfrigérateur jusqu'au moment de le déguster.

ASTUCE
Juste avant de servir, vous pouvez saupoudrer le gâteau de sucre glace.

EN PLUS DE 45 MINUTES

TOASTS DE HOUMOUS
ET POIVRONS MARINÉS

Pour 8 à 10 personnes
Préparation : 30 min
Cuisson : 20 min
Marinade : 1 h 30

2 poivrons rouges
5 ou 6 tranches de pain noir aux graines
2 pincées de graines de cumin
10 cl d'huile d'olive

Houmous :
1 grande boîte de pois chiches
1 gousse d'ail
1 cuillerée à café de purée de gingembre
1 pincée de cumin en poudre
Le jus de 1 citron
3 cuillerées à soupe d'huile de sésame
Sel et poivre

1. Préchauffez le four à 180 °C (th. 6).

2. Déposez les poivrons sur une plaque et faites-les cuire au four pendant 20 minutes environ, jusqu'à ce que la peau cloque et commence à noircir. Placez-les dans un sac à congélation, fermez hermétiquement et laissez-les refroidir.

3. Pelez les poivrons et coupez-les en lanières. Faites-les mariner dans l'huile d'olive 1 heure 30.

4. Pendant ce temps, préparez l'houmous : égouttez les pois chiches et mixez-les avec la purée de gingembre, l'huile de sésame, le jus de citron, le cumin en poudre, l'ail, 1 cuillerée à café de sel et 2 tours de poivre du moulin. La texture doit être bien crémeuse, sans petits morceaux ni peau de pois chiches. Placez 30 minutes au frais.

5. Coupez les tranches de pain noir en petits carrés et tartinez-les d'houmous. Superposez 2 petits toasts. Ajoutez 1 lanière de poivron mariné et parsemez de graines de cumin. Servez frais.

MINI-CAKES
AUX OLIVES ET AU SAUCISSON

Pour 4 personnes
(12 pièces)
Préparation : 15 min
Cuisson : 30 min
Repos : 30 min

80 g d'olives vertes dénoyautées
120 g de saucisson à l'ail
2 œufs
100 g de gruyère râpé
125 g de farine
½ sachet de levure chimique
10 cl de lait
3 cuillerées à soupe d'huile d'olive
Sel et poivre

1. Préchauffez le four à 170 °C (th. 5-6).

2. Retirez la peau du saucisson ; coupez-le en petits cubes. Hachez grossièrement les olives.

3. Versez le lait et l'huile dans un bol, puis faites tiédir le mélange au micro-ondes.

4. Dans un saladier, mélangez les œufs, la farine et la levure avec un fouet. Ajoutez le lait et l'huile tiédis, du sel et du poivre. Mélangez bien le tout afin d'avoir une pâte homogène. Incorporez les cubes de saucisson, le gruyère et les olives.

5. Remplissez aux deux tiers de préparation des petits moules individuels en silicone ou à muffins. Enfournez pour 30 minutes.

6. Laissez tiédir les mini-cakes avant de les démouler puis attendez 30 minutes avant de les déguster.

EMPANADAS
À LA TOMATE CONFITE

Pour 16 empanadas
Préparation : 30 min
Cuisson : 20 min

130 g de tomates confites à l'huile en bocal
300 g de pâte feuilletée (en pâton, si possible)
1 gros oignon pelé et émincé
8 olives noires dénoyautées hachées
1 cuillerée à soupe d'origan séché
1 jaune d'œuf
Sel et poivre

1. Égouttez les tomates confites en conservant 2 cuillerées à soupe d'huile puis hachez-les.

2. Dans une poêle, faites fondre l'oignon avec l'huile des tomates 5 à 7 minutes sur feu moyen. Ajoutez les tomates confites, la moitié de l'origan, les olives, du sel et du poivre. Mélangez le tout et continuez la cuisson 5 minutes sur feu doux. Laissez refroidir.

3. Préchauffez le four à 180 °C (th. 6). Abaissez la pâte feuilletée sur 2 mm d'épaisseur. Avec un emporte-pièce, découpez 16 disques de 8 à 10 cm de diamètre puis déposez-les sur une plaque de cuisson recouverte de papier sulfurisé. Badigeonnez-les de jaune d'œuf dilué avec 1 cuillerée à soupe d'eau.

4. Sur la partie inférieure de chaque disque, déposez un peu de farce à la tomate puis rabattez la partie supérieure pour refermer le chausson en soudant les bords. Badigeonnez le dessus de jaune d'œuf et saupoudrez d'origan. Faites cuire 20 minutes. Laissez tiédir les empanadas avant de les déguster.

POMMES DE TERRE
FARCIES AU THON

Pour 4 personnes
Préparation : 20 min
Cuisson : 35 min

220 g de thon en boîte
8 pommes de terre moyennes de la même taille
75 g d'olives noires dénoyautées
100 g de parmesan râpé
1 grosse cuillerée à soupe de crème fraîche épaisse
3 cuillerées à soupe d'huile d'olive
Sel et poivre

1. Lavez les pommes de terre avec la peau, puis déposez-les dans une casserole d'eau froide salée. Faites-les cuire 20 minutes à petits bouillons. Égouttez-les.

2. Préchauffez le four à 200 °C (th. 6-7). Coupez le dessus des pommes de terre puis évidez-les avec une petite cuillère en veillant à ne pas percer la peau. Écrasez les deux tiers de la chair dans un bol avec une fourchette.

3. Hachez grossièrement les olives. Égouttez le thon puis émiettez-le dans un saladier. Ajoutez la crème fraîche, les olives, la moitié du parmesan, les deux tiers de la chair de pomme de terre, du sel et du poivre. Mélangez le tout pour obtenir une farce homogène.

4. Garnissez l'intérieur des pommes de terre avec la farce au thon. Déposez-les dans un plat allant au four, bien serrées les unes contre les autres. Parsemez la surface avec le reste de parmesan puis arrosez d'huile d'olive. Faites gratiner 15 minutes. Servez aussitôt avec quelques feuilles de salade.

GALETTES GOURMANDES
AUX PISTACHES

Pour 4 personnes
Préparation : 20 min
Cuisson : 30 min

60 g de pistaches décortiquées
300 g de purée surgelée
400 g de chair à saucisse
1 oignon rouge ou jaune
1 cuillerée à soupe de coriandre hachée fraîche ou surgelée
1 cuillerée à soupe de miel liquide
5 cuillerées à soupe d'huile d'olive
25 g de beurre
Sel et poivre

1. Faites décongeler la purée au micro-ondes ; mélangez-la pour la rendre homogène.

2. Hachez grossièrement les pistaches.

3. Pelez et hachez l'oignon. Faites-le fondre dans une poêle avec 2 cuillerées à soupe d'huile d'olive 6 à 8 minutes sur feu moyen. Ajoutez les pistaches, le miel, du sel, du poivre et laissez légèrement caraméliser 2 minutes sur feu moyen. Laissez refroidir.

4. Dans un saladier, déposez la chair à saucisse, la purée, la coriandre, les oignons aux pistaches, un peu de sel et poivre. Mélangez avec vos mains pour que l'ensemble soit bien homogène.

5. Partagez la préparation en quatre puis formez des galettes de la taille d'un steak haché.

6. Faites chauffer le reste d'huile et le beurre dans une poêle puis faites cuire les galettes 10 minutes de chaque côté sur feu moyen. Dégustez-les bien chaudes, avec du riz basmati au curcuma.

ASTUCE
Si vous avez le temps, réalisez une purée maison.

TERRINE DE COQUILLETTES
AU PARMESAN

Pour 4 à 6 personnes • Préparation : 15 min • Repos : 10 min • Cuisson : 45 min

220 g de coquillettes • 100 g de parmesan râpé • 3 œufs • 20 cl de lait • 25 cl de crème liquide • Beurre pour le moule • Sel et poivre

1. Préchauffez le four à 170 °C (th. 5-6).

2. Faites cuire les coquillettes dans un grand volume d'eau bouillante salée selon le temps mentionné sur le paquet. Égouttez-les et laissez-les refroidir.

3. Dans un saladier, fouettez les œufs avec le lait, la crème liquide, du sel et du poivre. Ajoutez le parmesan et mélangez.

4. Déposez les coquillettes dans une terrine beurrée (ou un moule à cake de 20 × 8 cm environ). Versez la préparation aux œufs dessus et mélangez doucement. Laissez reposer 10 minutes.

5. Enfournez la terrine et faites cuire 45 minutes. Laissez-la tiédir.

6. Démoulez la terrine délicatement. Coupez-la en tranches et dégustez-la accompagnée d'une salade de mesclun.

PISSALADIÈRE
NIÇOISE

Pour 6 personnes • Préparation : 1 h 30 • Repos : 2 h • Cuisson : 20 min

1 pâte à pain prête à l'emploi • Garniture : 12 filets d'anchois au sel • 2 kg d'oignons émincés • 2 gousses d'ail en chemise • 20 olives noires de Nice • 1 bouquet garni composé de thym, laurier et romarin • 10 cl d'huile d'olive • 2 pincées de sucre en poudre • Sel et poivre

1. Rincez les anchois sous l'eau fraîche et laissez tremper 10 minutes dans un bol d'eau pour les assouplir. Éliminez l'arête centrale et réservez les filets.

2. Faites chauffer l'huile d'olive dans une cocotte, ajoutez les oignons, l'ail et le bouquet garni. Salez modérément, poivrez et ajoutez 2 pincées de sucre. Laissez confire à feu très doux pendant 45 minutes à couvert. Retirez les gousses d'ail.

3. Préchauffez le four à 200 °C (th. 6-7). Abaissez la pâte dans un moule à tarte ou sur une tôle. Garnissez de la compotée d'oignons. Décorez d'anchois et d'olives.

4. Enfournez pour 20 minutes : les pointes des oignons doivent être à peine grillées. Servez tiède ou froid, en entrée, en plat ou à l'apéritif.

POULET AUX ÉCHALOTES CONFITES

Pour 4 personnes
Préparation : 15 min
Cuisson : 1 h 30

1 poulet fermier de 1,5 kg vidé
12 petites pommes de terre nouvelles
12 échalotes
2 yaourts nature
10 feuilles de sauge
20 cl de bouillon de poule chaud
1 filet d'huile d'olive
1 pincée de fleur de sel
Poivre

1. Préchauffez le four à 150 °C (th. 5).

2. Rincez et essuyez les pommes de terre. Pelez les échalotes (laissez-les entières). Ciselez les feuilles de sauge.

3. Mélangez les yaourts avec les feuilles de sauge ciselées. Farcissez le poulet de cette préparation.

4. Déposez le poulet dans une cocotte en fonte et faites-le dorer, de tous côtés, avec un filet d'huile d'olive. Salez et poivrez.

5. Arrosez le poulet de bouillon chaud. Disposez les pommes de terre et les échalotes tout autour. Couvez et faites cuire au four pendant 1 heure.

6. Retirez le couvercle de la cocotte et poursuivez la cuisson 30 minutes (veillez à ce qu'il reste un fond de jus dans la cocotte, sinon ajoutez 1 verre d'eau chaude). Vous pouvez également cuire le poulet dans la cocotte sur feu moyen pendant 1 heure 15 environ.

ASTUCE

Remplacez les pommes de terre par des carottes, des poireaux, des betteraves ou des panais selon vos envies.

POULET CRÉOLE

Pour 4 personnes
Préparation : 20 min
Cuisson : 40 min

4 cuisses de poulet (pilons et hauts de cuisse)
1 ananas
4 tomates
2 oignons
2 gousses d'ail
½ piment oiseau (facultatif)
Quelques brins de coriandre fraîche
1 pincée de filaments de safran
1 cuillerée à café de curry en poudre
40 cl de lait de coco
3 cuillerées à soupe d'huile
Sel et poivre

1. Plongez les tomates 15 secondes dans une casserole d'eau bouillante. Égouttez-les et passez-les sous l'eau froide. Pelez-les, épépinez-les puis coupez-les en quartiers.

2. Salez et poivrez les cuisses de poulet ; saupoudrez-les de curry. Faites-les dorer de tous côtés dans une cocotte en fonte avec l'huile d'olive pendant 8 à 10 minutes sur feu vif.

3. Épluchez l'ananas (ôtez les yeux) et coupez-le en tranches ; détaillez 4 tranches en 8 morceaux. Émincez les oignons. Hachez les gousses d'ail.

4. Ajoutez les oignons, l'ail et le piment dans la cocotte et faites dorer 5 minutes. Ajoutez les tomates, les morceaux d'ananas et le safran. Mélangez. Faites cuire 10 minutes à feu moyen. Versez le lait de coco et mélangez. Couvrez et laissez réduire la sauce 15 à 20 minutes sur feu doux. Rectifiez l'assaisonnement.

5. Lavez et ciselez la coriandre. Parsemez-la sur le poulet créole juste avant de servir. Dégustez avec les tranches d'ananas restantes et du riz blanc.

CURRY DE POULET
AUX LÉGUMES

Pour 4 personnes • Préparation : 15 min • Cuisson : 40 min

1 cuillerées à soupe de curry en poudre • 4 blancs de poulet • 300 g de courgettes • 300 g de carottes • 1 gros oignon • 30 cl de lait de coco • ½ cube de bouillon • 3 cuillerées à soupe d'huile d'olive • Sel et poivre

1. Pelez et émincez l'oignon.

2. Épluchez les carottes et lavez les courgettes. Coupez le tout en gros cubes.

3. Détaillez les blancs de poulet en gros morceaux.

4. Dans une cocotte, faites fondre l'oignon avec l'huile d'olive 5 minutes sur feu moyen. Déposez les morceaux de poulet, augmentez légèrement le feu et faites-les dorer 5 minutes. Saupoudrez de curry et laissez roussir 2 minutes. Ajoutez les carottes, le lait de coco, le demi-cube de bouillon, du sel et du poivre. Couvrez d'eau à hauteur et faites cuire 15 minutes sur feu moyen.

5. Ajoutez les courgettes dans la cocotte et continuez la cuisson 15 à 20 minutes sur feu moyen. Servez ce curry bien chaud avec un riz pilaf.

SAUTÉ DE PORC
À L'INDIENNE

Pour 4 personnes • Préparation : 20 min • Cuisson : 30 min

1 pot de chutney de mangue de 200 g • 700 g d'échine de porc • 1 oignon • 40 g d'amandes effilées • 3 cuillerées à soupe de vinaigre de vin • 2 cuillerées à soupe d'huile d'olive • Sel et poivre

1. Coupez l'échine de porc en petits cubes.

2. Pelez et hachez l'oignon. Faites-le fondre dans une sauteuse avec l'huile 5 minutes à feu moyen. Ajoutez les cubes de viande et faites-les rissoler sur toutes les faces afin qu'ils soient bien dorés.

3. Versez le vinaigre dans la sauteuse. Ajoutez le chutney, 1 verre d'eau, du sel et du poivre. Mélangez et faites cuire 30 à 35 minutes sur feu moyen (ajoutez un peu d'eau en cours de cuisson si la sauce épaissit trop).

4. Pendant ce temps, dans une poêle antiadhésive, faites griller les amandes à sec 3 minutes. Ajoutez-les dans la sauteuse en fin de cuisson. Servez bien chaud avec du riz blanc.

CUISSES DE POULET
AUX ABRICOTS SECS

Pour 4 personnes
Préparation : 15 min
Cuisson : 45 min

8 abricots secs
4 cuisses de poulet
1 gros oignon jaune
1 pincée de safran
1 cube de bouillon de volaille
2 cuillerées à soupe de miel liquide
3 cuillerées à soupe d'huile d'olive
Sel et poivre

1. Pelez et émincez l'oignon.

2. Coupez les cuisses de poulet en deux. Saisissez-les dans une cocotte avec l'huile d'olive 3 à 4 minutes de chaque côté sur feu vif. Débarrassez-les sur une assiette. Déposez l'oignon dans la cocotte et faites-le fondre 5 à 7 minutes sur feu moyen.

3. Remettez les morceaux de poulet dans la cocotte et ajoutez les abricots secs entiers. Nappez de miel liquide et laissez légèrement caraméliser. Couvrez d'eau froide à hauteur, salez et poivrez. Ajoutez le cube de bouillon et le safran. Faites cuire pendant 40 à 45 minutes sur feu doux à couvert en retournant les morceaux à mi-cuisson.

4. Lorsque les cuisses de poulet sont cuites, faites réduire le jus de cuisson si nécessaire pour obtenir une sauce onctueuse. Servez avec une semoule parfumée à la menthe ou un gratin de courgettes au cumin.

TAJINE DE VEAU
AUX PRUNEAUX

Pour 4 personnes
Préparation : 15 min
Cuisson : 1 h

800 g de sauté de veau
2 oignons
1 citron
8 pruneaux dénoyautés
2 cuillerées à soupe de miel
1 cuillerées à café de ras-el-hanout
4 cuillerées à soupe d'amandes effilées
4 cuillerées à soupe d'huile d'olive
Sel

1. Coupez le veau en très gros cubes.

2. Pelez les oignons. Coupez-les en deux, puis en fines tranches. Pressez le citron. Coupez les pruneaux en morceaux.

3. Faites chauffer l'huile à feu vif dans une cocotte. Faites-y dorer rapidement les morceaux de veau sur tous les côtés. Retirez-les de la cocotte. Baissez le feu. Faites revenir les oignons 5 à 10 minutes, jusqu'à ce qu'ils deviennent translucides.

4. Ajoutez les pruneaux coupés en morceaux, le miel, le ras-el-hanout, le jus de citron, du sel et 20 cl d'eau dans la cocotte. Mélangez le tout. Ajoutez les morceaux de veau. Couvrez. Laissez cuire 45 minutes à tout petits bouillons. Laissez refroidir et mettez au frais.

5. Réchauffez le tajine à couvert, à feu très doux.

6. Faites dorer les amandes dans une poêle sans matière grasse. Parsemez-les sur le tajine au moment de servir.

ASTUCE

Vous pouvez remplacer les pruneaux par des abricots secs ou des figues séchées.

PAVÉ DE SAUMON
AU PESTO ROUGE

Pour 4 personnes
Préparation : 15 min
Cuisson : 45 min

4 pavés de saumon sans peau et sans arêtes
4 tomates
2 cuillerées à soupe d'huile d'olive
1 cuillerée à soupe de sucre
Sel et poivre

Pesto rouge :
100 g de tomates séchées à l'huile (poids net égoutté)
20 g de pignons de pin
1 gousse d'ail
40 g de parmesan râpé
3 cuillerées à soupe d'huile des tomates séchées
10 cl d'huile d'olive
Sel

1. Préchauffez le four à 180 °C (th. 6).

2. Coupez les tomates en rondelles. Huilez un plat allant au four avec 1 cuillerée à soupe d'huile d'olive et posez les rondelles de tomates dedans. Salez et poivrez. Parsemez de sucre puis arrosez d'1 cuillerée à soupe d'huile d'olive. Enfournez pour 30 minutes de cuisson.

3. Pendant ce temps, préparez le pesto rouge. Faites dorer les pignons de pin dans une poêle sans matière grasse. Pelez la gousse d'ail et coupez-la en deux. Égouttez les tomates séchées au-dessus d'un petit bol. Conservez l'huile obtenue. Mettez les tomates séchées, l'ail et les pignons dans le bol d'un robot et mixez une première fois. Ajoutez les deux huiles au fur et à mesure et continuez à mixer jusqu'à ce que le mélange soit homogène tout en restant un peu épais. Ajoutez le parmesan râpé et mélangez. Goûtez, salez si nécessaire.

4. Sortez les tomates du four. Posez les pavés de saumon dessus. Tartinez-les de pesto rouge. Poursuivez la cuisson 15 minutes au four.

CHU CHI PLA
CURRY DE POISSON

Pour 8 personnes
Préparation : 20 min
Cuisson : 40 min

4 pavés de sandre sans peau (de 120 g chacun) ou du poisson à chair ferme de votre choix
2 petits piments rouges frais
10 feuilles de basilic thaï
4 feuilles de combava
4 cuillerées à soupe de pâte de curry rouge thaï
60 cl de lait de coco
3 cuillerées à soupe de sauce de poisson (nuoc mam)
2 cuillerées à soupe de sucre de palme en poudre
Sel

1. Coupez 3 feuilles de combava en 3 lamelles et une autre feuille en très fines lanières. Ciselez finement le basilic. Coupez le piment en biais.

2. Dans un wok, mettez le lait de coco (gardez-en 2 cuillerées pour le nappage), la pâte de curry et les lamelles de feuilles de combava. Portez à ébullition en remuant sans cesse pendant 3 minutes à feu moyen. Ajoutez la sauce de poisson et le sucre de palme, puis mélangez.

3. Incorporez les pavés de sandre. Laissez frémir à couvert pendant 10 minutes environ sur feu doux à moyen, jusqu'à ce que la sauce de curry devienne crémeuse (prolongez la cuisson quelques minutes à feu vif si vous désirez une sauce plus épaisse).

4. Ajoutez le basilic et mélangez le tout. Salez.

5. Disposez les pavés dans des assiettes de service. Versez de la sauce de curry autour des pavés, puis un peu de lait de coco réservé. Parsemez les lanières de feuilles de combava et le piment. Dégustez en accompagnant de riz blanc.

CHILI GRATINÉ

Pour 4 personnes
Préparation : 15 min
Cuisson : 40 min

800 g de viande de bœuf haché
600 g de haricots rouges en boîte (poids net)
2 oignons
2 gousses d'ail
150 g de concentré de tomates
1 cuillerée à soupe de Tabasco®
1 cuillerée à café de paprika
120 g de cheddar râpé
25 g de beurre
Sel

1. Pelez les oignons et les gousses d'ail et coupez-les en petits dés.

2. Faites fondre le beurre à feu moyen dans une cocotte. Ajoutez l'oignon. Salez et faites cuire pendant environ 10 minutes, jusqu'à ce qu'il soit translucide, puis ajoutez l'ail et faites cuire encore pendant 1 minute.

3. Ajoutez ensuite la viande hachée, le concentré de tomates, le Tabasco® et le paprika. Salez à nouveau. Faites cuire pendant 15 à 20 minutes en remuant bien pour que toute la viande soit cuite. Ajoutez les haricots rouges, bien égouttés. Mélangez.

4. Mettez le chili au réfrigérateur une nuit.

5. Préchauffez le gril du four. Réchauffez le chili dans la cocotte. Parsemez-le de cheddar et passez-le sous le gril du four jusqu'à ce qu'il soit bien doré.

PIPERADE
BASQUE

Pour 6 personnes • Préparation : 20 min • Cuisson : 35 min

6 œufs • 6 fines tranches de jambon de Bayonne • 4 poivrons rouges coupés en fines lamelles • 2 piments verts doux coupés en fines lamelles • 6 tomates mondées et épépinées • 2 oignons • 2 gousses d'ail pressées • 1 bouquet garni • 3 cuillerées à soupe d'huile d'olive • Piment d'Espelette en poudre (facultatif) • Sel et poivre

1. Épluchez et émincez les oignons. Dans une poêle, faites-les revenir dans 2 cuillerées à soupe d'huile. Ajoutez les poivrons rouges et les piments verts. Faites cuire 10 minutes à feu doux. Ajoutez l'ail, le bouquet garni et les tomates coupées en morceaux. Poursuivez la cuisson 15 minutes. Salez et poivrez. Ajoutez éventuellement du piment d'Espelette.

2. Dans un saladier, battez les œufs et versez-les dans le reste de la préparation. Mélangez avec une cuillère en bois. Poursuivez la cuisson 5 minutes.

3. Faites chauffer une poêle avec 1 cuillerée à soupe d'huile d'olive et faites-y griller les tranches de jambon. Déposez-les sur le dessus de la préparation.

4. Servez avec de grosses tranches de pain grillé.

TARTIFLETTE

Pour 6 personnes • Préparation : 30 min • Cuisson : 20 min

1 kg de pommes de terre (type Charlotte) • 200 g de lardons • 2 oignons blancs émincés • 1 reblochon • 35 cl de vin blanc de Savoie • Quelques pincées de noix de muscade • 3 cuillerées à soupe de crème fraîche • 20 g de beurre • Sel et poivre

1. Épluchez les pommes de terre et coupez-les en gros cubes. Versez dans une casserole d'eau froide salée. Portez à ébullition et laissez frémir pendant 10 minutes.

2. Faites suer les oignons dans le beurre pendant 5 minutes à feu moyen. Ajoutez les lardons et continuez la cuisson encore 5 minutes. Ajoutez les pommes de terre puis poursuivez la cuisson 5 minutes tout en mélangeant. Versez le vin blanc, ajoutez la noix de muscade et poivrez.

3. Préchauffez le four à 210 °C (th. 7).

4. Versez le mélange dans un plat à gratin huilé. Recouvrez de crème fraîche et déposez des lamelles de reblochon (avec la croûte). Enfournez pour 20 minutes de cuisson. Si le gratin se dessèche trop rapidement, mouillez avec un peu plus de vin.

ASTUCE

Si le gratin se dessèche trop rapidement, mouillez avec un peu plus de vin.

COUSCOUS
AUX LÉGUMES ET AU POULET

Pour 6 personnes
Préparation : 30 min
Cuisson : 40 min

6 pilons de poulet fermier
6 hauts de cuisse
400 g de pois chiches en conserve
3 carottes jaunes
3 carottes
2 courgettes
2 branches de céleri
10 petits navets
4 tomates
1 oignon
2 petites boîtes de concentré de tomates
3 cuillerées à soupe de ras-el-hanout
2 cuillerées à café de cumin en poudre
1 cuillerée à café de harissa
Quelques brins de coriandre ciselés
2 cubes de bouillon de bœuf
3 cuillerées à soupe d'huile d'olive
Sel et poivre

1. Pelez l'oignon et coupez-le en fines rondelles. Épluchez et lavez les carottes, les navets et les tomates. Effilez le céleri. Coupez les navets et les tomates en 8 morceaux. Coupez les carottes et le céleri en tronçons. Lavez les courgettes et coupez-les en rondelles de 1 cm. Égouttez et rincez les pois chiches.

2. Faites chauffer l'huile d'olive dans une cocotte en fonte puis faites revenir l'oignon 4 à 5 minutes sur feu moyen. Ajoutez les pilons et les cuisses et faites-les dorer 3 à 4 minutes de chaque côté. Versez environ 1 litre d'eau de façon à couvrir le poulet à hauteur. Ajoutez les cubes de bouillon, le concentré de tomates, les légumes, les pois chiches et les épices. Mélangez et couvrez. Faites cuire 30 à 40 minutes à feu moyen.

3. Rectifiez si besoin l'assaisonnement en sel et poivre. Parsemez le couscous de coriandre ciselée et servez accompagné d'une semoule fine.

QUICHE AU BACON
ET FIGUES SÉCHÉES

Pour 4 à 6 personnes
Préparation : 20 min
Cuisson : 40 à 45 min

6 grosses figues séchées moelleuses
1 rouleau de pâte brisée ou de pâte feuilletée
8 tranches de bacon
100 g de parmesan râpé
1 œuf entier + 1 jaune
10 cl de lait
20 cl de crème liquide
2 cuillerées à soupe d'huile de tournesol
Sel et poivre
Beurre pour le moule

1. Préchauffez le four à 180 °C (th. 6).

2. Foncez un moule à tarte beurré avec la pâte. Piquez le fond avec les dents d'une fourchette et placez le moule au congélateur le temps de la préparation.

3. Émincez les tranches de bacon puis faites-les rissoler dans une poêle avec l'huile 3 minutes sur feu vif. Égouttez-les sur du papier absorbant.

4. Coupez les figues en petits morceaux.

5. Dans un saladier, battez l'œuf et le jaune. Ajoutez le lait, la crème liquide, le parmesan, du sel et du poivre. Mélangez bien le tout.

6. Répartissez le bacon et les figues sur le fond de tarte.

7. Versez la préparation au parmesan dessus. Enfournez et faites cuire 40 à 45 minutes. Dégustez la quiche tiède ou froide.

TARTE FINE
AUX DEUX POIVRONS

Pour 4 personnes
Préparation : 10 min
Cuisson : 50 min

2 poivrons rouges
2 poivrons jaunes ou orange
1 pâte feuilletée prête à l'emploi
100 g de tapenade
60 g de parmesan
Huile d'olive

1. Préchauffez le gril du four. Enfournez les poivrons sur une grille et laissez-les jusqu'à ce que la peau commence à noircir et à cloquer. Tournez les poivrons d'un quart de tour et attendez que la peau cloque à nouveau. Procédez ainsi jusqu'à ce qu'ils soient grillés sur toute leur surface.

2. Sortez les poivrons du four et enfermez-les dans un sac en plastique. Réglez le four à 200 °C (th. 6-7).

3. Déroulez la pâte sur une plaque antiadhésive ou tapissée de papier sulfurisé. Badigeonnez-la d'huile d'olive, puis enfournez-la pour 10 minutes de cuisson.

4. Ôtez la peau des poivrons. Coupez la chair en lanières, en prenant soin de retirer les graines et les membranes blanches.

5. Sortez la pâte du four et tartinez-la de tapenade. Répartissez les lamelles de poivron par-dessus et enfournez la tarte pour 20 minutes de cuisson.

6. Lorsque la tarte est cuite, parsemez-la de copeaux de parmesan et servez.

ASTUCE

Vous pouvez accompagner cette tarte d'une salade de mesclun assaisonnée d'huile d'olive et de vinaigre balsamique.

CLAFOUTIS AUX POIREAUX
CHÈVRE ET LARDONS

Pour 4 personnes
Préparation : 15 min
Cuisson : 50 min

4 poireaux
200 g de lardons
2 crottins de Chavignol
2 brins de thym
4 œufs
75 g de farine
60 g de beurre
+ un peu pour le moule
et la cuisson des poireaux
10 cl de crème liquide
Huile
Sel et poivre

1. Préchauffez le four à 180 °C (th. 6).

2. Coupez l'extrémité des poireaux et la plupart des feuilles vertes. Fendez-les et nettoyez-les. Coupez-les en tronçons. Faites fondre une noix de beurre dans une poêle et faites revenir les poireaux 5 à 10 minutes.

3. Faites chauffer un peu d'huile dans une poêle. Faites-y dorer les lardons puis égouttez-les. Coupez les crottins de Chavignol en petits morceaux. Effeuillez le thym.

4. Cassez les œufs dans un grand bol. Battez-les en omelette avec du sel. Versez ensuite la farine petit à petit en mélangeant. Faites fondre 60 g de beurre à feu doux. Versez le beurre fondu dans le bol et mélangez. Ajoutez la crème liquide et mélangez à nouveau. Incorporez les poireaux, les lardons, les morceaux de crottin et le thym.

5. Beurrez le moule et versez-y la pâte. Mettez-le au four pour 35 à 40 minutes, jusqu'à ce que le clafoutis soit bien doré.

ASTUCE

Vous pouvez aussi préparer ce clafoutis en version individuelle. Dans ce cas, réduisez un peu le temps de cuisson.

LASAGNES DE RATATOUILLE
ET SAUCE CRÉMEUSE AU BASILIC

Pour 6 personnes • Préparation : 25 min • Cuisson : 1 h

250 g de feuilles de lasagne sèches • Huile d'olive • Sel et poivre • Ratatouille : ½ poivron rouge • 1 aubergine • 6 tomates pelées • 2 courgettes • 1 oignon émincé • 2 gousses d'ail • 1 brin de thym • Sauce : 1 bouquet de basilic • 80 g de parmesan râpé + 15 g pour gratiner • 3 c. à s. de Maïzena® • 1 cube de bouillon • 4 c. à s. de crème fraîche • 2 c. à s. d'huile d'olive

1. Émincez l'ail et coupez les légumes en dés. Dans une casserole, faites chauffer 1 cuillerée à soupe d'huile puis faites revenir l'oignon. Ajoutez le poivron, l'aubergine et les courgettes et faites revenir 2 à 3 minutes. Ajoutez les tomates, l'ail, le thym et 1 cuillerée à café de sel. Laissez mijoter 20 minutes à feu doux en remuant. Poivrez.

2. Effeuillez le basilic. Dans une casserole, portez à ébullition 1 litre d'eau avec le cube de bouillon. Plongez les feuilles de basilic 2 minutes. Récupérez-les (réservez le bouillon) puis mixez-les avec l'huile d'olive, le parmesan et la crème fraîche. Salez et poivrez. Mélangez au bouillon et ajoutez la Maïzena®. Fouettez, portez à ébullition et laissez épaissir.

3. Préchauffez le four à 200 °C (th. 6-7). Dans un plat, versez un filet d'huile d'olive. Ajoutez une louche de sauce au basilic. Recouvrez de feuilles de lasagne puis ajoutez la ratatouille. Versez encore 1 louche de sauce et continuez à alterner les couches. Saupoudrez de parmesan et poivrez. Enfournez et laissez cuire 40 minutes.

GRANOLA
AUX TROIS FARINES

Préparation : 50 min • Repos : 1 h • Cuisson : 12 à 15 min

200 g de chocolat noir ou au lait • 20 g de poudre d'amandes • 20 g de poudre de noisettes • 100 g de farine de châtaigne • 50 g de farine de blé • 50 g de farine de sarrasin • 2 pincées de bicarbonate de soude • 1 œuf • 1 cuillerée à café d'extrait de vanille liquide • 100 g de beurre ramolli • 60 g de sucre de canne

1. Dans un saladier, mélangez les farines, les poudres et le bicarbonate de soude. Préchauffez le four à 180 °C (th. 6).

2. Dans un autre saladier, fouettez le beurre et le sucre afin d'obtenir une consistance crémeuse. Ajoutez l'œuf et la vanille en remuant bien. Incorporez le mélange à base de farines et fouettez jusqu'à l'homogénéisation. Déposez-la sur du film alimentaire puis roulez-la pour former un boudin de 15 à 18 cm de long. Réservez 1 heure au frais.

3. Découpez le boudin en tronçons de 5 mm d'épaisseur. Disposez-les sur une plaque recouverte de papier sulfurisé. Enfournez 12 à 15 minutes.

4. Dans une casserole, faites fondre le chocolat au bain-marie, puis placez-la dans un saladier d'eau glacée pour faire tomber la température. Replacez la casserole au bain-marie.

5. Lorsque les biscuits sont cuits, laissez-les refroidir puis nappez-les de chocolat fondu et laissez durcir.

INDEX DES RECETTES

S

T

W

DANS LA MÊME COLLECTION

ÉQUIVALENCES

MESURES LIQUIDES

Système métrique	Système américain	Autre nom
5 ml	1 cuillère à thé (cuillère à café française)	
15 ml	1 cuillère à table (cuillère à soupe française)	
35 ml	1/8 cup (tasse française)	1 oz (ou once)
65 ml	1/4 cup ou 1/4 grand verre	2 oz
125 ml	1/2 cup ou 1/2 grand verre	4 oz
250 ml	1 cup ou 1 grand verre	8 oz
500 ml	2 cups ou 1 pinte	
1 litre	4 cups ou 2 pintes	

MESURES SOLIDES

Système métrique	Système américain	Autre nom
30 g	1/16 lbs	1 oz
55 g	1/8 lbs	2 oz
115 g	1/4 lbs	4 oz
170 g	3/8 lbs	6 oz
225 g	1/2 lbs	8 oz
454 g	1 livre	16 oz

CHALEUR DU FOUR

Chaleur	° Celsius	Thermostat	° Fahrenheit
Très doux	70 °C	Th. 2-3	150 °F
Doux	100 °C	Th. 3-4	200 °F
	120 °C	Th. 4	250 °F
Moyen	150 °C	Th. 5	300 °F
	180 °C	Th. 6	350 °F
Chaud	200 °C	Th. 6-7	400 °F
	230 °C	Th. 7-8	450 °F
Très chaud	260 °C	Th. 8-9	500 °F

Toutes les recettes de ce livre sont tirées de : *Poulet et Volaille, Poissons et fruits de mer, Pâtisseries Orientales, Gâteaux et barres chocolatés* (Anne-Cécile Bretin), *Tacos* (Chae Rin Vincent), *Cuisine végétarienne* (Laure Kié), *La cuisine asiatique* (Sue Su), *Ramen* (Coralie Ferreira), *Gâteaux made in USA* (Sarah Schmidt), *Recettes de l'étudiant, Apéros dînatoires, Petits plats du quotidien, Dîners improvisés* (Valery Drouet), *I love ma région* (Chae Rin Vincent), *Apéros et tapas* (Isabelle Brancq-Lepage et Camille Sourbier), *Plats du dimanche, Chocolat et friandises* (Isabelle Brancq-Lepage), *Les bonnes recettes pour des apéros sans cacahuètes, Les bonnes recettes à emporter dans sa valise, Les bonnes recettes pour mettre les escarpins sous la table* (Nicole Seeman) et *Ratatouilles, poêlées et tians* (Mélanie Martin) parus aux Éditions Mango.

Photographies : © Martin Balme : 18, 34, 40, 46, 51, 80, 82, 91, 110, 128, 130, 132, 134, 138, 140, 148, 186 / © Aline Caron : 62, 78, 136, 137, 168, 187 / © Aimery Chemin : 16, 26, 96, 116, 124, 165, 177, 184 / © Charly Deslandes : 27 / © Patrice Hauser : 21, 178 / © Julie Mechali : 22, 28, 50, 66, 79, 92, 104, 111, 162, 166, 170, 174, 182 / © Amélie Roche : 29, 30, 38, 56 à 60, 64, 106, 121, 172, 176 / © Pierre-Louis Viel : 20, 24, 32, 35, 36, 44, 48, 52, 54, 61, 67, 68, 70, 72, 74, 76, 86, 88, 94, 98, 100, 102, 108, 109, 112, 114, 118, 120, 122, 126, 142, 144, 150 à 160, 164, 180

Photo de couverture : Claire Payen
Stylisme de couverture : Delphine Lebrun

Direction : Guillaume Pô
Direction éditoriale : Tatiana Delesalle
Édition : Ophélie Candille assistée d'Emma Lombois
Direction artistique : Sylvaine Beck
Création graphique : Ambrine Angaud
Mise en pages : Patrick Leleux PAO
Direction de fabrication : Thierry Dubus
Suivi de fabrication : Audrey Bord
1re édition - N° d'édition : M22018
ISBN : 9782317030376
Code MDS : MN30376

MIXTE
Papier issu de sources responsables
FSC® C106600

Ce livre s'inscrit dans une démarche écoresponsable. Il est imprimé sur du papier FSC® issu de forêts gérées durablement. Cette certification garantit une empreinte carbone réduite et une gestion raisonnée de la forêt, qui maintient la biodiversité et protège les écosystèmes. Il est imprimé avec des encres végétales, c'est-à-dire fabriquées uniquement à partir de matières premières renouvelables et sans huiles minérales. Il a été imaginé et conçu en France, et imprimé en Europe.

Achevé d'imprimer en avril 2022
chez DZS en Slovénie

Dépôt légal : août 2022
www.mangoeditions.com

Retrouvez-nous sur Instagram :
@mangoeditions